Die 101 wichtigsten Fragen
Christentum

キリスト教のとても大切な

101の質問

J・H・クラウセン著　高島市子訳

創元社

まえがき

　キリスト教は、今日、西欧の多くの人たちにとっても不可解な謎になってしまいました。その謎をこのささやかな本が完璧に解き明かすことは不可能です。それにまた、ありとあらゆる疑問に答えようとしているのでもありません。あますところなく詳しく伝えようと自負しているわけでもありません。キリスト教はそれ自体が一つの宇宙です。その宇宙を隅から隅まで歩き回って探究するには、たった一回の人生では足りないのです。本書はただ、いくつかテーマを選んで展望を開き、読者の好奇心をかき立てようとするものです。それによって読者がさらに独りで探究の旅に出られんことを願いつつ。

　なお、本書の回答は百科事典の記述ではありません。もちろんなにがしかの確かな基本情報は提供しなければならないと思います。けれど、回答の目的は知識の欠落部分を急いでふさぐことにあるのではなく、読者に独自の思考を引き起こすことにあります。それゆえ、回答の大部分は命題へと進んでいきます。その場合に、筆者自身の宗教的な立場をなおざりにしないつもりなのです。なお、読者からの無条件の賛意を期待しようとは思いませんが、読者が自身の生きる立場を明らかにさせようとする心がまえは期待したいのです。そのためには本書を最初から最後まで順に読む必要はありません。気持ちのおもむくままに、ページをめくり、拾い読みすることも可能です。ページをめくれば、本書にはただ知る価値のあることだけが書かれているのではないことを読者は確認するでしょう。というのも、キリスト教とは単に歴史的な教養の数々であること以上に、人間の内的生活であることを忘れるべきではないからです。この内的生活の感銘をお伝えしたいと思い、本書には各種の専門的な情報の他に、物語や詩、祈り、歌なども挙げてあります。

キリスト教のとても大切な101の質問　目次

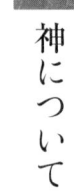

キリスト教の本質について　223

キリスト教の現状について　235

キリスト教のとても大切な101の質問

聖書の引用は日本聖書協会の御好意により
新共同訳聖書を使用しています。

Die 101 wichtigsten Fragen: Christentum
by Johann Hinrich Claussen

† 聖書について

1 「聖書」という言葉は何を意味するのですか

キリスト教徒の聖なる書「バイブル（Bible）」という言葉は、単に一都市名に由来します。ギリシア人はエジプトの古紙パピルスを好み、フェニキアの港湾、商業都市ビブロス（Byblos：今日のレバノンのジュバイル市）からこれを取り寄せていました。このビブロス市が、本という意味にあたるギリシア語「ビブロン（Biblon）」の語源です。そして「ビブロン」の複数「ビブリア（Biblia）」が聖なる書の名称になったというわけです。とすると「聖書」は複数の「本」という、なんの変哲もない、世俗的な意味なのです。

聖書は一冊ではなく諸文書の集大成、いわば小文庫なので、その点では納得がいきます。聖書は簡潔にいえば、これらの文書を旧約と新約の二つにまとめたものです。旧約聖書は全部で三九冊から成り、それが三つの部分に分かれています。一番目は、古代イスラエルの歴史を語る歴史書です。二番目は、「神の代弁者たち」の啓示や体験を伝える預言書です。三番目は知恵の書と詩編で、賢明な教訓や祈りを集めたものです。新約聖書は二七冊から成り、同じく三部に分かれています。まず初めが福音書で、イエスと弟子たちとの物語です。次は手紙類で、これはキリストの使者がその教区に伝えた使徒書簡です。最後は預言書、いわゆる預言者ヨハネの黙示録です。

旧約と新約の中間の時期に成立した、隠された一〇冊の書とも呼ばれる「聖書外典」は聖書に完全には属していません。西暦一世紀に形成されたラビ・ユダヤ教[*1]は、みずからの正典にこれらの文書を受け入れませんでした。それに対して、カトリック教会刊行の聖書には当然のごとくに外典が含まれています。一方プロテスタント側は、ヘブライ語かアラム語[*2]で書かれた文書のみを旧約聖書に受け入れようとした結果、ラビの正典に立ち戻ることとなりました。そのため、ギリシア語で書かれた外典は、プロテスタント教会版の聖書では単なる付録としてしか扱われていません。

2 聖書の内容を手短にまとめることは可能ですか

神は無から天と地を、植物と動物および人間を創造し、イスラエルの小民族を選び出して「約束の地」カナンを与えましたが、イスラエルの民は感謝することを知らず、異民族の神々を追いかけるほどに不忠実であったので、神は預言者たちを通して明確な警告をたびたび発したのち、彼らを敵の権力に委ねました。このため預言通りにアッシリア人、バビロニア人などの侵略軍が次々と「聖なる地」を侵してイスラエルの王たちを玉座より引きずり下ろし、エルサレムの神殿を破壊し、民をバビロンに連れ去りました。その後ペルシア人がこの地域の権力を掌握し、イスラエル人は捕囚の地バビロンからの帰還と故郷の再建を許されますが、イスラエルは昔日の栄光を取り戻すことがかなわぬままに、大帝国ローマの一地方になり下がってしまいます。まもなくガリラヤの奥地に新しい預言者であるナザレのイエスが現れて、神の御国の近いことを告げ弟子を集めていたものの、すぐに煽動者としてエルサレムで処刑されてしまうのです。けれどその弟子たちは、イエスが死から復活されたことにより神の御子と崇められるべきであると明言して新しい教会を創設し、それがユダヤ教を超えて発展し、世界宗教となったのです。

3 聖書はどのようにして成立したのですか

聖書成立の歴史を理解したい人は、その著述に関し、後世広まってきた二つの観念から解放されなければなりません。まずは、一六、七世紀に定着した逐語霊感説[*3]からの解放。この説によるなら、聖書のメッセージは神自身が聖霊を通して一握りの敬虔な男たちに直接書かせたものだ、となります。この説は、聖書の文体上だれの目にも分かるゆがみ、ねじれ、矛盾などと整合しないので、神学的な正当化でしかないことがすぐに見破られてしまいます。次に偉大な作品は偉大な個人作家によって書かれたとする、当世風の観念からも自由にならなければなりません。作家という言葉が今日意味するものは、一八、九世紀の天才的思想家たちに負うところが非常に多いのです。しかし聖書時代には、個々の作家という概念は未知のものでした。だから聖書に記された執筆者名のほとんどは、今日的な理解からすると誤りです。モーセの五書はモーセ自身が書いたものではありません。後にモーセの名義に書き換えられたのです。ダビデ王やソロモン王についても同じことが言えます。ダビデが詩編を、ソロモンが箴言および伝道の書を書いたのではないのです。個人として実際に明らかにされている聖書作家は使徒パウロただ一人です。また「エフェソの信徒への手紙」のように、パウロの名前でサインされた手紙のいくつかは弟子たちが書いたものです。それを故意の偽造ととるべきではありません。なぜなら今日のような本物へのコンセンサスはまだ無かったからです。自分の著作を尊敬する師の権威の傘下におき、その名前で発表することは違法ではありませんでした。それに、聖書に寄稿した人たち皆が著者として個人的に登場しようとするなら、思い上がった行為とさえみなされたことでしょう。

こうしてみるに、聖書はその大部分が千年近くにわたってゆっくりと人目につかずに形成されていった共同作品なのです。この形成過程は最初のほんの一文字が書かれるずっと以前から始まっていました。聖書は初め口伝えの伝承でした。何世代もの間を通して語られた伝説なのです。毎年大きな祭りで歌われた歌や幾度も唱えられた祈り。弟子たちによって伝えられ、その都度あれこれと変えられた預言者たちの言葉。これらの言い伝えが記録されたのはかなり後になってからのことです。けれど、この記録作業もすぐに完成したわけではありません。テキストはさらに練り直されました。編者は新しいテキストを追加し、古いテキストを新たな宗教体験や神学の教義の光に当てながら書き直しました。聖書は、極度に異なる物質から成るたくさんの層で築き上げた山のようなものです。その堆積物はいつもしっかりつなぎ合わさっているとは限りません。しばしば亀裂、稜、断層が露わになります。

啓蒙されたプロテスタントの歴史的、批判的な聖書解釈派がこの「地層」を分解して年数、出所および神学的観点などを定義づけようと、一八世紀以来大規模なテキストの「地質学的調査」を行ってきました。今となっては、それはほとんど成功する見込みのない大それた企てであったことを認めないわけにはいきません。深部のボーリングにいくらか成功したこと以上に先へは進まなかったのですから。特に旧約聖書の解釈に関しては、研究の合意に向けたコンセプトがもうほとんどないのが実情です。この山はその成立の秘密をそのまま守り通しているのです。

旧約聖書に当てはまることは、たとえ成立期間がずっと短かかろうとも、同じく新約聖書にも当てはまります。新約聖書の中の最も古いテキストはパウロ本人による手紙です。それは紀元五〇年から六五年の間に書かれています。筆記された最終版の諸福音書は、このパウロの手紙よりは新しいのです。とはいっても、福音書のテキストのための「素材」は、イエスの死後（紀元三〇年）口伝されていたものを集めたものだという点で、それより古いことになります。最古の福音書は「マルコによる福音書」です。これはエルサレム滅亡（紀元七〇年）の少し前に書かれたに違いありません。最新の福音書は「ヨハネによる福音書」です。西暦九〇年半ばに書かれています。

4 ユダヤ教の聖書とキリスト教の聖書の違いは何ですか

ユダヤ教徒とキリスト教徒はその聖典の一つを共有しています。両者が共有するのは旧約聖書であり、キリスト教の新約聖書を認めないユダヤ人は、前者を「ヘブライ語聖書」あるいは「タナッハ（タナハ）」と呼んでいます。ユダヤ人も聖典をもう一つ持っています。それは『タルムード』[*4]と呼ばれるもので、古代のラビたち（ユダヤ教の律法学者）によって編纂された、トーラー（旧約聖書冒頭のモーセ五書）の解説文が付されています。

一つの共有物を両者がそれぞれ相応の権利を認められるように分かち合うのは困難なことです。そのため、旧約聖書と新約聖書の関係も複雑です。ユダヤ教とキリスト教の関係に似て多面的なのです。新約聖書は旧約聖書という背景があるからこそ理解できます。他方、キリスト教徒はその旧約聖書を新約聖書に合わせて拾い読みするので、ユダヤ人とは重要な点で解釈が違ってくるのです。

いずれにせよ、新約と旧約の両聖書はまずは多くの共通性で結ばれています。両方ともに唯一なる神、天地の創造主、歴史の支配者への信仰を告げています。両方ともに人間に良き生のための戒律を与えています。両方ともに比べるものがないほどの個人的な信仰心を育てます。ところが、二つの聖書の間には差違もあるのです。新約聖書ではイエス・キリストがその中心にありますが、旧約聖書ではイエスについては言及されていません。

初期のキリスト教徒たちは、旧約聖書の預言者の言葉や詩編の中に彼らの救い主の予兆を探し、そして見いだしました。それで、彼らは自分たちを古代イスラエルの本来の継承者であると表明することもできました。けれど、こういった解釈の仕方はもはや不可能です。というのは、このような解釈は旧約聖書をキリスト教が独占してしまうことが分かってきたからです。そのようなわけで、旧約聖書の中に本来の、またときには自分に未知の意義を探り、しかもそれをユダヤ教とキリスト教の同根として理解することが今日のキリスト教神学の重要な任務の一つとなっているのです。

5 キリスト教はユダヤ教から発生したのですか

ユダヤ教とキリスト教の関係を定義するのは簡単なことではありません。しばしば両者は母と娘の間柄のようなものだと言われます。キリスト教が古代ユダヤ教から生じたという点でそれは正しいのです。とすれば、キリスト教はユダヤ教という前提条件なしには理解しえないわけです。それに加えて、「母娘」の隠喩は、キリスト教による因習的な、すげないユダヤ教排除を修正することにもなるので、とても有益です。数百年来のキリスト教による反ユダヤ主義に対してそれは逆方向に作用することでしょう。

しかし他の見方からすれば、「母娘的宗教」という言い方は誤解を招きやすいのです。なぜなら、今日のユダヤ教と解されるものが、キリスト教より以前にあったわけではないのは明らかだからです。古代ユダヤ教はきわめて形態が多様でした。そして異なった、ときには反目しあう様々な宗派や党派の寄り集まりでした。今日のユダヤ教の一般的な形態とみなされるものは、初期のキリスト教と平行して、また論争し合いながら、徐々に発展してきたものなのです。このラビ・ユダヤ教とキリスト教は互いに母娘というよりは、むしろ共に育ち、大人になった姉妹のように振舞ってきたわけです。互いに学び合い、互いに個性を発揮しながら。そうであるなら、自らの宗教を理解するためには、キリスト教がユダヤ教と取り組むだけでなく、ユダヤ教もまたキリスト教と取り組まなければならないのです。

6 聖書とクルアーン（コーラン）の違いは何ですか

聖書と比べると、クルアーンはまるで鋳造されたかのように混然一体となっています。神が大天使ガブリエル（ジブリール）を通して、文盲だったムハンマド（モハメッド）にじかに口述し、ムハンマドはそれを秘書に筆記させたそうです。クルアーンは神の真正の言葉であると了解されています。だから、本来それは翻訳できないとされているのです。したがって、世界中の外国語を使うイスラム教徒はアラビア語を学ばなければなりません。神は結局アラビア語でしか語らなかったからです。

このような考え方はキリスト教にはなじみません。当然のことながら聖書はすべての言語に翻訳されています。「逐語霊感説（訳注3参照）」を唱える流れが過去にあったし、今もあるにはありますが、キリスト教で神の言《ことば》と言えば、厳密にはそれはイエス・キリストを指すと解釈されています（「言は神であった」ヨハネによる福音書 1・1）。聖書は神のことばそのものではなく、神についての証《あかし》の書なのです。クルアーンとのこのような違いがキリスト教に異なった読み方を可能にしています。そのことは、一八世紀に生まれた近代の歴史学的方法をもって聖書の研究を始めた、啓蒙されたプロテスタントの神学者たちに特に顕著です。すべての古代文献と同様に、彼らは聖書のテキストも歴史的信頼性という観点から調べ上げました。その結果、大部分が正確な歴史の記述では決してなく、伝説や説話であるということを突き止めたのです。多くの神学者たちが彼らの「聖なる書」に対し、宗教史上類例のない、歴史的批判を企てたのです。キリスト教信仰の本質はそれによって損なわれるものではなく、かえって鮮やかにその真価を発揮するという信念の下に。このような歴史的、批判的な聖書の読み方は、すでにずっと以前からカトリック神学の一部やリベラルなユダヤ教でもなされていることです。

ところで、イスラム世界にはそういった試みは見られません。それにつけても、クルアーンには歴史批判的な考察を加えるべき題材がいくらもあることでしょう。多くのスーラ（クルアーンの章）はキリスト教あるいはユダヤ教を手本としているようです。イスラム教と、ムハンマドも知っていたに違いない中近東の古代キリスト教会との間には、多数の驚くべき類似点が見られるからです。そうであるなら、クルアーンはそれほどじかに神の口から出たものでもないようです。それでも、その聖典を歴史的な批判の光に当てることは、ほとんどのイスラム教徒にとって不可能なことのようです。

けれど別の見地からすれば、またもやクルアーンと聖書とは近似しています。イスラム教についてはもう一つ別の解釈があるのです。クルアーンの神聖さは、字句そのままに神の作品であるということで証明されるわけではないけれども、人間を魅了するという点でそれは証明されるというものです。クルアーンが神の書であることはそのたとえようのない美しさに現れています。同じことが詩編と福音書についても言えるのです。

7 キリスト教徒は聖書に書かれていることをすべて信じなければならないのですか

キリスト教は経典宗教であり、神の啓示によって書かれた証《あかし》に礎を置きます。とはいえ、キリスト教徒は聖書に書かれていることをすべて信じなければならないということはありません。そもそも、信じなければならないと言うのは不条理なことです。信仰は服従とは少々違います。同様に、感謝しなければならないとか、他人を愛さなければならないといったことを信じるよう義務づけることはできません。信仰は自由の中でしか養われないのです。

現代の人間を過去の世界像に由来する神話の概念に縛りつけるのも愚かなことです。それに多くの場合、聖書やキリスト教に特有のものではありません。ノアの洪水のような大氾濫、エリコであったような信じがたい戦果、また奇跡的な癒しなどの話は聖書の専売品なのではなくて、昔のオリエントに広く伝わっていたことです。であれば、今日の聖書の読者に奇跡を信じるよう要求する者は、読者をキリスト者にするどころか、心的に古代オリエントの世界に陥れるだけです。

また、聖書を少し綿密に読む人はそういった奇跡信仰を呼び起こすことが聖書本来の意図ではないささかもないことに気づきます。新約聖書の癒し物語がそれをはっきり示しています。重要なのは、奇跡そのものではなく、それが何を引き起こすかなのです。背後に隠された意味、霊的な意義をこそ目標としているのです。たとえば中風の癒し（マルコによる福音書２・１〜12）の物語があります。

　男たちが中風の人をイエスのもとに運んでいこうとした。しかしイエスのおられる家は大勢の人が集まってきてすきまがないほどになった。そのために近寄ることができなかったので、男たちは屋根に上がって穴をあけ、病人の寝ている床をつり降ろした。イエスはその人たちの信仰を見て、中風の人に、あなたの罪は赦され、重荷は除かれると言われた。それからなおもこう言われた。「起き上がり、床を担いで家に帰りなさい」と。中風の人は起き上がり、出て行った。イエスの話し相手たちは憤慨した。なぜイエスに人の罪を赦すことができるのか、それは神の代わりになるということではないかと。

　ここでは、奇跡自体はほとんど話す価値もないかのようです。実際、真の信仰のテーマはまったく別のところにあります。障害者を無条件に受け入れ、留保なき赦しの用意があることを示す、イエスの全権こそがこの物語のテーマなのです。聖書の中の多くのテキストは文字と霊とをおのずと区別します。パウロは次のように言っています。「文字は殺しますが、霊は生かします」（コリントの信徒への手紙二３・６）。文字への完全なる忠誠は信仰を殺してしまいます。聖書の霊性を理解してこそ、生きた信仰が呼び起こされるのです。プロテスタントの神学者フリードリヒ・シュライエルマッハー（一七六八〜一八三四年、自由主義神学の祖とされる）はこのパウロの言葉を受け継ぎ、ある文が聖書に載っているからキリスト教的なのではなく、キリスト教的だからこそ聖書に載っているのだと考えるに至ります。そういう意味では、キリスト教は経典宗教というよりも、霊的な宗教なのです。

8 自然科学者は天地創造の物語を信じることができるのでしょうか

聖書には、整合された宇宙成立論ではなく、生命の根拠と意味とを語る天地創造の物語が呈示されています。もっとも有名な箇所は旧約聖書の最初の二つの章の中に見られます。

初めに、神は天地を創造された。地は混沌であって、闇が深淵の面にあり、神の霊が水の面を動いていた。神は言われた、「光あれ」。こうして、光があった。神は光を見て、良しとされた。神は光と闇を分け、光を昼と呼び、闇を夜と呼ばれた。夕べがあり、朝があった。第一の日である。第二の日に神は地の上に天を造られた。第三の日に神は水と陸とを分け、地に植物を芽生えさせた。第四の日に神は天に月、星、日などの光る物を置かれた。第五の日に神は海と天の生き物、魚と鳥を造られた。第六の日に神は地に暮らす生き物を造られた。神はそれらのものに言われた、「産めよ、地のいたるところにふえよ」。神はさいごに自らに言われた。「自分にかたどったものを造ろう」。そして神はご自分にかたどって人を創造された。男と女に創造された。神は彼らを祝福して言われた、「産めよ、増えよ、地に満ちて地を従わせよ」。そして第六の日の晩、神はお造りになったすべてのものをご覧になった。それは極めて良かった。第七の日に神は安息なさった。

（創世記1・1～2・2、要約）

この七日間の記録は、ほぼ紀元前六世紀頃のユダヤ人のバビロン捕囚時代に成立しました。だから古代オリエントの世界像に添っています。したがって地球は円板です。この円板の上と下は混沌とした水に取り巻かれています。円板は巨大な柱の上に支えられています。その上部に天蓋がチーズケースのふたのようにアーチ型にかかっています。ここに天体が固定されているのです。このような世界像は、七日間の天地創造物語と同様に、近代の自然科学の認識に追い抜かれて、時代遅れとなってしまいました。

それにもかかわらず、この七日間の記述には深い意味が読み取れるのです。この物語は生命の基本構成を描き出すことから成り立っています。生命は、秩序が生じ、物事が区別され、その区別が一定のリズムに従うところに発生します。たとえば昼と夜、水と土、労働と休息です。このような世界は根拠と根源を持ちます。神です。このような世界は価値を持ちます。それは美しく良い。また中心を持ちます。人間です。そしてまた目標を持ちます。七日目の休息です。人間は進化の偶然による産物ではなく、神の似姿です。神は人間に比類のない尊厳を与えると同時に、大きな任務を任せました。人間が神の代わりに地球の責務を負うことになったのです。

現代の自然科学者たちにとって、聖書の冒頭の、天地創造物語は、宇宙論的にも生物学的理論としても、もはや論題にはなりません。けれど彼らがこの物語を比喩的な話とみなすか否かは、また別の次元のこととなります。それは自然科学知識の進歩の向こう側にある宗教上の決断なのです。

9 現代の脳科学者は魂の存在を信じることができるのでしょうか

近代においては創造主の概念ばかりか、それと対をなすもう一方の、魂の概念までもが遥か遠くに消え去ってしまいました。魂は近代以前の人たちの了解では最高に重要なものでした。人間は単に肉体的な存在なのではありません。人間を真に生かすのは、その人間の魂です。魂は人間の内的体験と人格の中枢をなしています。神を知るための内的な場です。それは不死への希望を秘めた人間の内面の、永遠の炎です。

前近代の霊魂の教義においては、魂とは人間の肉体の中の非物質的な実体であり、身体のどこかの部分にある霊的な「モノ」であるとの前提から出発しました。そういった観念を最近の脳科学は決定的に排除しました。ヒトの脳の中に霊的物質は検出されません。脳はなんら形而上的な成分を持たない複雑な機能のつながりです。その意味で現代の神経生理学は人間の魂の存在をもはや信じないのです。そしてその理由は当を得ています。

一方、脳科学者たちの中には、問題をはらんだ世界観を示す人たちがいます。彼らは自己の具体的な研究成果を飛び越え、すべての心的な現象を肉体的な事象に帰せようとします。すると、以前には霊的、あるいは精神的活動と言い表していた事柄がどれも単なる脳の機能に限定されてしまいます。現代の脳科学者たちの多くは、どんな宗教的、精神的な解釈も不可能にしてしまうような、人間「我」の理解の研究をしているのです。

ところが、魂（あるいは霊）の概念を擁護するのに格好な哲学上の理由があります。前近代的な霊魂の形而上学との訣別は、二一世紀の神経生理学の所産なのではなくて、すでに一八世紀のイマニュエル・カントの批判的認識論にも見られるものです。カントは唯物還元主義を弁護することなしに、魂の実体観念を破壊しました。カントは自然科学と人文科学の理論の間には深い溝があると説いたのです。一方は脳のニューロンの刺激を把握することであり、他方はまったく異なり、意識内容の意味を理解することであると。「私」が感じる痛みは、その感覚を伴う脳波を計ることで完全に説明されるわけではありません。二つの立場の間には範疇的な相違があります。精神は自然科学で理解できる神経活動とはいささか違うという、その良い例が真理の問題です。神経生理学者は、きっとどの脳波や神経回路がある特定の思考観念を伴うのかを示せるかもしれません。しかし彼は、なぜ我々がこの観念を真実で妥当であると認めるのかを説明することはできないのです。そのためには今なお論理学者や認識論学者に頼らなければなりません。脳科学者もまた、自身の命題の外面的な真理条件を知りたいときは彼らに依存するのです。

このように、人の意識については、互いに限定されえない二つの同権の解釈があることになります。もちろん魂を形のない実体として、または精神的なモノとして理解することはもうできません。とはいっても、魂が人間の精神生活の総体としてニューロンの機能の中に溶解されてしまうわけではありません。もしそんなことがあるとしたら、なんという魂の零落ぶりでしょう。それはさしずめ魂のない人間ということなのですから。その点では、現代の脳科学者にとっても、人間がその脳を究明するとき、その魂を損なうなら何の益になろうか、という神学者の気遣わしげな問いかけは、きわめて重要なことなのです。

10 一神教をつくり上げたのは誰ですか

紀元前一四世紀にエジプトのファラオ、アメンホテプ四世が何やら途方もないことを敢行しました。いにしえの昔から定着していた神々を高座からつき落とし、太陽の神アテンを地上と天の唯一の支配者としたのです。自分の名前も捨て、以後アクエンアテン（イクナートン）と呼ばせました。しかし宗教上の改革は上からの命令でなされるものではありません。その死後、失脚していた神官たちが再び立ち上がり、昔の神々をまた立て起こしたのです。かの革命的なファラオとその新しい宗教は忘れ去られました。一神教を打ち立てようという初めての試みはなんらの効果なしに終わったのです。近代考古学によってやっとアクエンアテンはまた明るみに出てきました。妻ネフェルティティの素晴らしい胸像（ベルリン・新博物館所蔵）とともに。

我々が今日知っているような唯一神への信仰は、エジプトで起こったのではありません。唯一神を打ち立てて、異教徒の多神教を排除することが、古代イスラエルの、世界史的意義を持つ使命でした。それは聖書の伝承の中でモーセの名と結びつきます。モーセは燃える柴の茂みの中から湧き起こる唯一の真の神の声を聞きました。その神の名においてモーセはイスラエルの民をエジプトの奴隷の境遇から解放し、砂漠を通り抜けて、約束の地へと導いたのです。それは紀元前一三世紀のころに起こったことだとされています。ところがアクエンアテンとは異なり、モーセはもはや歴史上の人物として解釈されてはいないのです。旧約聖書の中心人物であるのに、その像は伝説の中に消えてしまい、定かではありません。それに加え、イスラエルの一神教が突如たった一人の預言者によって打ち立てられたのかという疑問も残ります。イスラエルは徐々に、そしていろいろ回り道をしたあげくに、排他的なヤーウェ崇拝への道を見つけたというほうが蓋然性があります。

一神教の、確固たる最初の代弁者はおそらく預言者であったと推定されますが、その名は伝わっていません。ただその人物の言葉が第二イザヤ書（イザヤ書40〜55のこと）に伝えられているので、第二イザヤと呼ばれています。彼は紀元前六世紀のバビロン捕囚時代になって登場しました。故国を追われたイスラエル人たちに、あなたがたの神はあなたがたを忘れておらず、故国に連れ戻されるであろうという良き知らせを告げたのです。第二イザヤのうちに初めて次のような一神教の本質的要素がすべて見いだされるのです。そしてそれがやがてユダヤ教、キリスト教、またイスラム教など西方三大宗教に刻み込まれることになるわけです。

- 唯一の神のみが存在する。その神はねたみ深く、偽の神々が崇められることを許さない。
- 神は世界の創造者である。神は自然の構成要素ではなくて、自然に対峙する。
- 神は歴史の支配者である。
- 神は人間の手によるあらゆる画像を超える。人間の理解力を粉砕する。けれど神は選ばれた預言者の言葉を通して自らを啓示する。
- 神は人間の意のままにはならない。象《かたど》られること、また魔術的な実践に使われることを容認しない。

11 聖書は法典ですか

旧約聖書には、古代イスラエルの社会生活や神への関わりを統制するために、二四八の戒めと三六五の禁令とで合計六一三の律法が記されています。これらの律法の中には普遍的な人間のモラルを告げるものもあります。でも大部分は祭式上の「清浄」と「穢れ」の区別づけを義務づけたものです。人は何を、いつ、どのようにして食べるべきかが事細かに定められているのです。普通の人間の感覚ではこのような律法を実行に移すのは容易なことではありません。またそれが目的なのでもありません。むしろそれは選ばれた民を異教の、「穢れた」周囲の世界から区切って、イスラエルのアイデンティティーを守ることにあります。

イエスはこの祭式的な清浄と穢れの区別に異議を唱え、これを善と悪の倫理上の区別に置き換えました。旧約聖書の主要な律法を超然と無視したのです。たとえば穢れた人間とされた病人にこだわりなく向き合い、あるいは人を助けることで安息日を「穢しました」。イエスが律法の代替とした道徳律は、みずから作り出したのではなく、これもまた旧約聖書から取り出したものです。そこには、愛についてのイエスの二重の戒めがすでに的確に述べられているのです。「あなたは神を愛さなければならない。また隣人をあなた自身のように愛さなければならない」と。ただ、画期的だったのは、イエスがこの二重の戒めのみに集注し、他の六一一の戒めをすべて消し去ったその過激性です。また革命的だったのは、イエスが宗教的倫理をまったく簡略化したそのやり方です。

こうした律法の克服がパウロをして神学上の根本へと向かわせました。パウロは言います、旧約聖書の律法はキリスト者にはもはや有効性がないと。これをもって、キリスト者は大きな自由と自己責任の義務を与えられたのです。どのように生きればいいのか、もうそれを膨大な法典から読み取ることはできません。簡略なイエスの倫理をどのようにして自らの複雑な生活に取り入れるべきかという課題を自分で決めなければなりません、ただ愛の精神を持って。

12 詩編は最初どのように歌われたのですか

詩編は宗教的な歌です。詩編のギリシア語「プサルモス」は、弦楽器演奏のための歌という意味に訳されます。一連の詩編は楽器を名指した短いト書きで始まっています。たとえば「弦楽器で前唱する」とか「フルートで前唱する」とか、あるいは「ギッティットで前唱する」などと。ところでギッティットが楽器を指すのか、それとも調を指すのか定かではありません。他の導入部ではメロディーに指示を与えています。「『素晴らしき若者』のメロディーで前唱すること」とか、あるいは「『暁の雌ジカ』の旋律で」とか、「愛の歌、『百合』の調べで」などと。

古代イスラエル人は記譜法を作り出していなかったので、これらの旋律はすべて忘れられてしまいました。もともと詩編の曲がどんなメロディーだったのか、今日となっては見当もつきません。歌の拍節さえまともに確かめられません。かなり確実に分かっていることは、ほとんどの詩編が神殿の儀式や大きな祝祭で歌われたということぐらいです。

最初の詩編の曲が消失して二度と戻らないことを悔やむ必要はありません。その代わりとして作曲された作品があり余るほどありますから。グレゴリオ聖歌からバッハを経由してアルヴォ・ペルト（一九三五年〜、エストニアの宗教音楽作曲家）まで、ヨーロッパの音楽史上これほど頻繁に、またこれほど多様に音楽となった文言はないのです。詩編そのものがおのずから作曲を促すようです。

詩編の人を惹きつける力は簡単に説明されるものではありません。とはいえ、その形式がひどく複雑なわけでは決してないのです。きわだった特徴といえば対句法、つまり同じ構成で同じことを述べる二つの句が連続する部分の平行性のことです。この対句法がテーマを強度に集中化させると同時に、豊かなヴァリエーションの可能性を開くのです。

わたしの魂よ、主をたたえよ。
わたしの内にあるものはこぞって
聖なる御名をたたえよ。
わたしの魂よ、主をたたえよ。
主の御計らいを何ひとつ忘れてはならない。
主はお前の罪をことごとく赦し
病をすべて癒し
命を墓から贖い出してくださる。
慈しみと憐れみの冠を授け
長らえる限り良いものに満ち足らせ、
鷲のような若さを新たにしてくださる。（詩編103・1〜5）

詩編はドイツロマン主義の詩と同じく、モチーフが驚くほど少ないけれど、その分力強いのです。樹木、羊飼い、王、野生動物、暗い谷間、空、山々、城塞、岩、敵、天使。これらのイメージは古代世界から取られたものですが、時間を超越した、原像の訴える力を持っているので、現代人もその中に身を置き、意味を読み取ることができます。

　こういったイメージの中に、人間に起こり得るあらゆる気持ちの言語像を見いだします。賞賛と感謝、高揚感と畏敬、羞恥と恐怖、絶望と怒り、信頼と確信。けれども詩編は決して個人的な魂の体験を語りません。感傷的な心情の吐露の正反対にあり、言葉のもっとも正しい意味で非個人的あるいは抽象的です。であるからこそ、全く異なる文化の人間もその詩句を彼ら自身の宗教生活の鏡として自分のものとすることができるのです。

13 なぜ聖書にエロス文学が含まれているのですか

恋人よ、あなたは美しい。
あなたは美しく、その目は鳩のよう
ベールの奥にひそんでいる。
髪はギレアドの山を駆け下る山羊の群れ。
歯は雌羊の群れ。毛を刈られ
洗い場から上って来る雌羊の群れ。
対になってそろい、連れあいを失ったものはない。
唇は紅の糸。

言葉がこぼれるときにはとりわけ愛らしい。
ベールの陰のこめかみはざくろの花。
（中略）
乳房は二匹の小鹿。
ゆりに囲まれた草をはむ双子のかもしか。
（中略）
恋人よ、あなたはなにもかも美しく
傷はひとつもない。
（中略）
花嫁よ、あなたの唇は蜜を滴らせ
舌には蜂蜜と乳がひそむ。
あなたの衣はレバノンの香り。（雅歌 4・1～11）

聖書の中に情欲と恋愛の詰まった詩を見いだすことを期待する人はあまりいないでしょう。ところが旧約聖書の小書「雅歌」には、比べるもののないほど美しい、エロチックな作品が収集されています。結婚式の最中か、その前に歌われたこれらの詩歌が聖書に組み入れられたのは、ちょっとした奇跡です。そもそも厳格なラビたちにとって、この結婚式の歌は不快でした。より当惑したのは古代期の独身の教父[*5]たちだったに違いありません。現代の読者にはばかげたことですが、その不快感を詩句から取り除こうとして、後のユダヤ教やキリスト教の、エロスに彩られた神秘主義にも影響を及ぼすことになる新解釈がなされたのです。注釈したラビはこう説明しました。ここに書かれてあるのは男と女の愛ではなく、神とイスラエル民族の愛がテーマであると。一方、キリスト教の教父たちは花嫁と花婿の愛に教会とキリストの間の愛を見とどけ、そのように解釈をし直して、雅歌は聖書に取り入れられ、忘却から守られることになったわけです。

14 福音（エウアンゲリオン）とは何ですか

福音のギリシア語「エウアンゲリオン」は、「良き知らせ」とか「喜ばしい便り」などという意味になります。ナザレのイエスが、神の国は間近に迫っている、いやそれどころか、「わたしたちの間に」すでにあると宣言して、喜ばしい便りを告げたのです。奇跡的な病人の治癒、群衆を満腹させたことなどは、「良き知らせ」の明らかな表現でしょう。あらゆるメッセージの中で最良のものは、弟子たちが広めたもの、すなわち十字架の刑がイエスの活動の終わりなのではない、それどころかイエスは蘇り、死に打ち勝ったとの知らせです。

新約聖書の四福音書は特有の様式を描き出しています。それはイエスの活動の証ですが、伝記ではありません。イエスの生涯を始めから、いわば誕生から最後の死までを述べていくのではなく、たえず最後に関連づけて語っています。その視線は十字架の上に置かれ、復活に注がれています。イエスの生活については、この視点にあてはまることしか語られていません。それゆえ、それは伝記ではなくて、宗教的な予示と告知を表しているものです。

そのため、四書とも固有の性格を持っています。最初の三つの福音書、すなわち「マタイによる福音書」「マルコによる福音書」「ルカによる福音書」は、多くの点で類似していますが、共通のテーマの表現法においては、強調の置き方や解釈の重点がそれぞれに異なっています。たとえば「マタイによる福音書」は、ギリシアの文明世界にすでに深く入っていたらしき「ルカによる福音書」よりも、ユダヤ教から継承した遺産にずっと忠実です。「ヨハネによる福音書」はいたって個人主義的な印象を与えます。他に多くあるイエス物語を一度も聞いたことがなかったかのようなのです。有名なたとえ話である山上の説教をここに見つけようとしても無駄です。また最初の三つの福音書にあるキリスト受難の物語をヨハネのそれと比べてみても、ほとんど一致を見ません。それで、四つの福音書のいずれもが、信頼すべき唯一のものであるとは主張できないのです。しかしながら、全部ひっくるめて一つの変化に富んだモザイクを生み出しています。

15 何が使徒の使命だったのですか

使徒のギリシア語「アポステル」は、「使節」とか「使いの者」を意味します。原始キリスト教の最初の職務です。使徒とは復活したイエスを見て、その新しい生命の福音を広め、教会の基礎を築いたイエスの弟子たちのことです。あとに続く世代は彼らのうちに、そしてその著作に、正統な信仰伝承の証人を見てきました。

彼ら初代の使徒たちの中でもっとも重要な人物はペトロとイエスの兄弟ヤコブです。ルカの使徒物語には彼らとその教会が睦まじく共同生活をする様子が記されています。けれどもまもなくこの調和は一人の弟子によってまったく変わった形にひび割れてしまいます。あるとき、キリスト教徒を激しく迫害していたパリサイ人サウロがこの新しい信仰に改宗しました。それ以来パウロと改名し、そのための本質的な条件を少しも満たしてないにもかかわらず、使徒として認められることを欲したのです。パウロはイエスのこの世での活動や復活の目撃者ではありませんでした。ずっと後にダマスコへの道中で個人的にイエスの顕現に遭遇して、その声を「聞いた」だけでした。しかしこれだけが仲間の使徒との違いだったわけではありません。パウロは、十字架にかかり、蘇ったイエス・キリストの福音が新たな世界宗教を築いたことを真に理解した最初の人間なのです。だからイスラエル民族の律法をキリスト教会に適用することの妥当性について、逐一話し合って取り決めるよう迫ったのです。トーラー（旧約のモーセ五書）を守る義務を負わせず、すべての人々をこの新しい信仰に取り込みたいとパウロは考えたわけです。エルサレムの使徒会議（紀元四八、四九年頃）の席で、ユダヤ人キリスト教徒の使徒たちと異邦人キリスト教徒のパウロが激しく衝突しました。パウロは自分の意志を押し通し、以後ユダヤ教の枠をはるかに越えて、全世界への宣教に赴く使徒活動を開始したのでした。

16 アポカリプス（ヨハネの黙示録）とは何ですか

ヨハネの黙示録、いわゆるアポカリプスは暴露の書です。歴史の最後の秘密を露わにしています。創世記が生命の始まりと源を語るように、ヨハネの黙示録は世界の目的と終末を語っています。初期のユダヤ・キリスト教において、多くの黙示文学が書かれました。その中でたった一書がキリスト教の聖書の中に活路を見いだしたというわけです。それが新約聖書の最後の書、ヨハネの黙示録です。それは迫害されたキリスト教徒に彼らの苦難の終わりと彼らの敵ローマの支配者の処罰を約束する慰めの書なのです。しかしこの慰めには荒れ狂う光景と刺激的なヴィジョンがまとわりついています。劇的な戦いに次ぐ戦いがこの世とその支配者を滅ぼして、キリストの平安な統治の下に新しい世界が誕生するのだといいます。これら世界終末時の予告、シンボルや数字遊びの多くは今日の読者には理解不能です。冷静になり啓蒙された西欧のキリスト教は、一般的にこうした表象世界にもう真の理解を持ちえません。全く事情の異なるのが北米です。アポカリプスのイメージは北米では今も広範囲の人々の信心に強い影響を与えています。それはキリスト教関係のベストセラーの巨大な成功からも、またハリウッドのアポカリプスに影響されたアクション映画や、あるいはかなり多くの大統領たちの政治的弁論からも読みとれるのです。

17 聖書はどのように読めばよいのでしょうか

まずは最初に聖書そのものを読むべきです。自ら聖書を読むに優ることはありません。それに対し、キリスト教の入門書は、ルターによればただの「干涸びた書簡」にすぎないのです。ベルトルト・ブレヒト（一八九八〜一九五六年、ドイツの劇作家）は愛読書について質問され、しごく真面目にこう答えました。「お笑いになるでしょうが、聖書です」。聖書は読む者を驚かせ、うろたえさせ、圧倒します。聖書はたぐいまれな読本であり、またそうあり続けるでしょう。

旧約聖書の預言者エゼキエルは、神の召命にあたり、どこからか「手がわたしに差し伸べられており」と語っています（エゼキエル書２・９）。手の中には巻物があった。エゼキエルは巻物をとって食べた。それにはただ哀しみと呻《うめ》きなど悲嘆の言葉が書かれていたにもかかわらず、蜜のように甘かったと記されています。多くの詩句は現代の読者にも甘い味がすることでしょう。けれど、聖書を一口で平らげようとするべきではありません。初心者には次のようなより小さめの箇所を推薦したいと思います。

まず、最初の創世記から始めるのが良いでしょう。それは、多くの人たちが子どものころから知っている天地創造物語やアダムとエバ、カインとアベル、ノアの箱舟、バベルの塔の建設、アブラハムとイサク、ヤコブとエサウ、ヨゼフと兄弟たちの話が詰まった壮大な物語です。この書はヨーロッパ文化における物語の体系の発芽、源泉、根拠を表しています。

創世記が散文作品だとすれば、詩編は韻文の作品です。詩編は古代イスラエルが神を誉め、たたえ、神に呼びかけ、あるいは神と争う一五〇編の詩を集めたものです。全編を読むべきです。いちばん良い方法は一日に一編、これを何度も読む。たとえば朝ごと、昼ごと、晩ごとに。

ヨブ記には、神を求める聖書的な問いかけのうちに、途方もない深淵が示されています。まず、一章と二章、四二章の一〇～一七節をもってあらすじを読み、その後、ヨブと友人たちとの長い論争に進み、もし途中で忍耐を失えば、ヨブと神の会話の箇所（38～42・9）へと飛ぶのが賢明です。

ヨブ記を読み終えたら、新約聖書に移りたいものです。ここではイエスの話が記述されている福音書に集中して読むことです。親しみやすいのが「ルカによる福音書」です。これにはクリスマス物語や有名なたとえ話が語られています。他の重要な箇所としては、「マタイによる福音書」の、山上の説教（5～7章）にぜひとも目を通すべきです。「ヨハネによる福音書」はこれらの書とはまったく異なり、ずっと観念的かつ哲学的です。比較のために、「ルカによる福音書」のすぐあとで読むことを勧めます。

神について

18 神は存在するのですか

神のことを、「ある」と言うことはできません。「ある」神は、もはや神ではないでしょうから。神は人間の物体意識の対象物ではありません。手で触れたり、使ったり、脇へ置いたりできる、あなたが今読んでいるこの本のような物ではないのです。近代以前の形而上学者たちは、その存在を証明しようと大いに奮闘しました。しかし一八世紀の偉大な哲学者イマニュエル・カントは、推定上の神の存在証明はどれもみな誤謬であることを暴いたのです。

神の存在に関しては客観的な証言がなされ得るものではありません。かといって、神について問うことが無意味だというわけでもないのです。ただし、それは別の次元で討議されるべきものです。ではどのような次元なのか。無神論者ベルトルト・ブレヒトはその有名な『暦物語』の中で良い助言をしています。

ある人がK氏に、神は存在するかと質問した。K氏が答えて言うには、「ご質問への答え次第で、自分の行動が変わるかどうか、考えてみてください。もし変わらないならその質問は反古にしていいでしょう。もし変わるのであれば、少なくともあなたはすでに決めていらっしゃるのだと助言させていただけるでしょう。あなたは神を必要としておられるとね。」

（高島訳）

この話は明らかに宗教批判的な落ちをねらっています。神への信仰は人間の欲求によるものであると。人間は神を必要とするので、自身のイメージにしたがってそれを作り上げるのであると。他方、この話からもまた立派な神学的意義を引き出すことができます。神に関しては、自分自身の生き方との関連でのみ語ることができるということです。神の存在とは事実上の真理ではなく、実存上の真理なのです。たとえ神は存在すると何千回証明できたとしても、たったの一度も触れたことがなければなんの益もないのです。キリスト教の信仰とは、「神は存在する」というような、形而上の命題を真実と思うこととは違います。神は「自分にとって」存在するとの確信が信仰です。そしてこの「自分にとって」の存在が、自分の内面の生活と外面への行動を決定づけるのです。

マルティン・ルターなら――K氏の意見とも調和しますが――こう言ったことでしょう。神は存在するとただ信じるだけではなんの役にも立たない。なぜなら非キリスト者の多くもまたそう信じているからだ。むしろ強固な確信をもって、神はまたあなたのためにも存在するのだということに賭けねばならない。このような信仰こそがあなたを義となし、神があなたの内に棲み、生き、治めるようになるのだ。神とともにあることを確信するべきなのだ。そうすれば心が楽しみ、たじろぐことがないと。自分に恵み深き神があることを疑う者には、神は存在しないのです。信じる者に、神はあるのです。

追記　著名なアメリカの心理学者デビッド・マイヤーズは、最近、証明されることなしに何かを信じるかと質問されて、こう答えたそうです。「キリスト教一神教徒として、何よりもまず二つの証明されない想定事項を私は真実だと思っています。一つ、唯一の神はおられること。二つ、それは私ではないこと（またあなたでもありません）」。

19 どのようにすれば神を体験できるのですか

神を体験するには人間の数ほどに多くの違ったやり方があります。神は、各人が自分自身のやり方をもってしか体験できないし、また自分自身で体験しなければならないことでもあります。他の誰一人として代わりにはなれません。信仰は代表者に一任するわけにはいかないのです。ところで、神を「直々に」体験したとみずから主張する人はほんのわずかしかいません。預言者や神秘家は、幻影のうちに神の顔を見たとか、幻聴のうちにその声を聞いたと報告しています。一方、普通の人たちは実に多くのさまざまな媒体を通して間接的に神体験をしています。たとえば雄大な自然との出会い、聖書の講読、荘厳な音楽を聞く喜び、子どもの誕生、母の死、共同体の体験、礼拝などの祭式、また善事に身を賭すことなどを通して。

このように神体験への道はいろいろありますが、いつのまにかすっかり忘れられてしまった概念をもって述べるのが、ここではもっとも適切でしょう。それは、宗教的感情は畏敬の念から始まるのであるということです。畏敬とは、文字通り、畏れと敬意から成り立っています。畏敬の念とはただひとえに偉大、かつ絶対で、無限な何かと衝撃的、感動的に出会うことで抱く気持ちです。人は、畏敬の念をもって自分の偏狭な視野を超え、まったく異質な他者に遭遇するという体験をするのです。

老年のゲーテは畏敬を三つの形に区別しています。晩年の作品である『ヴィルヘルム・マイスターの遍歴時代』においてその主人公が「教育州」、改革寄宿学校にやって来たときの様子を、ゲーテは次のように語ります。――その寮の生徒たちが不可思議な身振りで主人公を出迎えた。ある者たちは腕を胸に組んで、目を空に向ける。他の者たちは腕を背に回し、地面を見る。さらに別の者たちは一列に並んで、腕をたれ、頭を右に向ける。この三通りの挨拶の身振りは、三種類の畏敬を象徴しているのだと教師が説明する。最初のは、神やその地上の代理人としての、「我々の上にあるもの」に対する畏敬。二番目のは、「我々の下にあるもの」、すなわち苦難に対する畏敬。最後は、「我々の隣」や「我々の内」にあるものに対する、すなわち人間の尊厳に対する畏敬である。この三番目の畏敬において、人間は絶対者を未知の権威としてだけではなく、自分の天命の内的根拠として体験するのです。人間は自分自身の内に、何か畏敬すべき無限のものを内包していること、つまり、ヘーゲルをもって語るなら、自分の魂が無限の価値を持っていることを発見するのです。このことが人間に限りない自尊感情を与えます。しかも、ゲーテが同時に書き加えているように、まったく「自惚《うぬぼ》れや思い上がり」なしに。この三つの畏敬の念はおそらくもっとも美しい神体験でしょう。

20 神は人格的存在ですか

敬虔なかたちの無神論というのもまたあります。神の人格性を否定する者皆が反キリストというわけではないのです。我々人間は、しょせん人間の言葉が用立てる概念でしか神について語ることができません。そうであれば、必然的に神の擬人化に行きついてしまいます。人が神について語るとき、神を人間的属性の所有者として表現しているわけです。そして、人が神に適用する多くの人間的概念のうちの一つが人格という概念なのです。もともとラテン語のペルソナ（人格、位格）は演劇の仮面を指しており、古代の俳優はそれを手に掲げ持って自分の役を演じていました。後にそれは哲学的また法律的概念として用いられるようになりました。ひとりの人格は精神的な一個体であり、自分が望み、実行し、そのため責任を負う行為の主体であるということです。けれども、神に転用されるもろもろの人間的概念と同じく、人格という概念も、絶対者、無限者を個別化し、有限化してしまう危険があります。こういう理由から、哲学者ヨハン・ゴットリーブ・フィヒテは大胆にも神の人格性を否定したのです。そのことで一七九九年に無神論の咎《とが》を受けることとなりました。このときフィヒテは、当時の正統神学が許容するよりも、もっと視野の広い神理解を目指していたのでした。

ところで、人格の概念とは擬人化であり、その限りでは確かに問題を含んでいます。しかし、象徴的に解釈すれば、それはキリスト教的神理解の根本的な観点を表しているのです。それによるなら、神は観念的な「無限者」でも、無個性な「在りて在るもの」でも、匿名な「全体」でもなくて、生気あふれる意志です。もし神が単なる絶対原理でしかないなら、いのちもなく、愛もありません。しかしキリスト教の信仰においては、神は最高に活き活きしており、愛そのものです。

21 なぜ神においては、1＝3なのですか

キリスト教は唯一神教ですが、ユダヤ教やイスラム教と違い、一枚岩ではなくさまざまなニュアンスを持った一神教です。神は唯一です。が、この神は創造主として、またイエス・キリストにおける人間として、そしてまた聖霊として三つのかたちに示現するのです。この、神の三つの位格が互いにどのように関係するのか、それは古代における神学上の重要な思案の一つであり、激烈な教会討論のテーマでありました。無数の学術書や教会会議などで、三様なる唯一神を一つの思考パターンに押し込もうと奮戦していました。反対派同士が必ずしもフェアに向き合ったとは言えぬその論戦の成果が、神の三位一体の教理[*6]なのです。１＝３であるという論理は、古代の新プラトン主義[*7]から借用してきたその形而上学的前提条件ともども、現代人にとっては不可解なものになってしまいました。それに、三位一体の教理が現在もなお宗教生活の焦点であるのかも疑わしいのです。一方、古代思想に根ざした東方正教会には、きわめて堅固な三位一体信仰が存在しています。では西

ヨーロッパはどうでしょうか。

偉大な自由主義神学者フリードリヒ・シュライエルマッハーにとっては、三位一体の教義は、現代のキリスト教信仰において重要性をまったく失った古代の遺物にすぎません。神、キリスト、聖霊はむろん引き続いて信仰の中心にあるべきです。けれども、それは過去の形而上学的方法で定められるべきではないと言っています。ではそれをどのように考えればいいのでしょうか。シュライエルマッハーは特に聖霊を取り上げます。彼は聖霊をこれからも超越的な位格、至高の個別存在だと考えるには無理があるとし、むしろそこにキリスト教徒の「共同体の精神」を見るのです。いわく、聖霊とは教会という建物の内的生であり、キリスト教徒たちを結びつける絆《きずな》であり、そこで共に生きる息吹であると。それは「一つの総体としてのキリスト教会の、もっとも内にある活力」であり、その活力はキリスト教徒たちが互いに考えを述べ合い、信仰を打ち明け合う所に広がると言います。シュライエルマッハーにとって聖霊に満ちた教会とは、キリスト者たちが自分の信仰を伝え合う、終わりのない語らいの場です。こうした会話によって、本来なら矛盾する二つの事柄が生じます。一つは共同体意識が高まること、もう一つは各人に独自性が育つこと。会話の中で互いに理解することを学び、折り合いをつけ、そして相違を認めて、自己の個性を育てる刺激としてそれを役立てようというわけです。

シュライエルマッハーがキリスト教の伝達理論を起草したとき、今日の教会の委員会制度のことは考えていませんでした。シュライエルマッハーにとって神の霊が顕われるような終わりなき会話とは、教会会議や教会連盟などの延々と続く協議のことではありません。青年の頃シュライエルマッハーはベルリン・ロマン主義のサロン文化を体験しました。そこでは自由な才気に満ちた会話が結論を目指すこともなく、また議事録にメモされることもなしに交わされていたのです。会話は自分を磨く、一つの芸術でした。友情を結ぶため、また個性的なパーソナリティーにならんとして、互いに語り合ったのです。熱気あふれる、また熱気を起こす教会のモデルとしてのベルリンサロン文化――それもまたいいではありませんか！　教会が、教育や典礼のための営業体でも、草の根民主主義的な委員会のチームワークでもなく、キリスト者たちが目標を決めずに自由に出逢い、お互いに影響し合い、共通の精神を確かめ合い、その真価を発揮できるようなサロンだと考えるのは、いかにも魅力的なことです。

22 神は悪意を持っていますか

宗教を持たない人たちは、よく次のような思い込みをするようです。神が全能であるとするならば、この世に悪がはびこっている以上、神もまた悪意を持つ、もし神が善であるなら、この世に悪事が起こるからには、神は全能ではないと。ゆえに、善なる全能の神という観念は理に合わないというのです。

キリスト教はそういった常識的な考え方を拒み、神はすべての存在の根拠であるとともに生みの親、すなわち世界の創造主、主宰者であり、至高善、とりもなおさず愛なのだという、特有の論理に従っています。この論理によれば、神は人を創り、それとともに善と悪をも区別する自由の意志を与えたのです。その限りでは神はみずからの全能を放棄したわけです。そして人間が神の本来の意図に反して悪を選び取り、実行することにも耐えている。さらに神はそれに耐えるだけではなく、苦しんでもいるというわけです。イエス受難の物語は、神自身が悪の犠牲者になったことを伝えています。キリスト教の神は、素晴らしい天国の広間に平然と君臨する、全能の、宇宙の王者ではありません。神はその被造物が苦しむところにいます。イエスの復活物語は、神の力がその弱さの中にあり、遂には神の善があらゆる悪に打ち克つことを伝えています。

これをもって、神義論[*8]の問題が解決されるわけではむろんありません。これほどの不正がはびこるのを神の正義はなぜ放置するのかという謎が、キリスト教によって解かれるわけでもありません。それにまた、なぜキリスト教は人生究極の疑問を黙らせることに使命があると思わなければならないのでしょう。キリスト教の使命は、この疑問から更に他の疑問へと強化することにあるのかもしれないのです。ポーランドの偉大な詩人でありノーベル文学賞受賞者チェスラフ・ミローシュ（一九一一～二〇〇四年）も、神義論の問いかけに次のような反論で応じています。

天国と地獄を定義するのが私の課題ではない。だがこの世界には惨禍や恐怖がありすぎるので、どこかに真理と善もあるはずだ。とすると神はやはり存在するに違いない。

23 神は隠れているのですか

現代文学の中で神が話題になるとすれば（そしてそれは今でも意外なほど頻繁に見られることだが）、たいていの場合遠くにあるか、隠れた神のことです。神は今なお存在するのかもしれません。ニーチェが明言したように神は死んだのでは決してなく、もしかしたらまだ生きているけれど、ひどく遠くに離れているので、もはや人間は神と交わりを結ぶことができないのかもしれません。神は遠ざかっている。神は人間が必要とする所に「いない」。神は姿を現さず、自身の創造物に興味を失って背を向けている。人間たちの祈りには関心がなく聞き流す。途方もない永遠の中に引きこもり、眠りについてしまった。人間がどんなに長く待とうとも、神はやって来ないだろう。こうした遠ざかり隠れた神の像は、ベケットの戯曲『ゴドーを待ちながら』に限らず、現代における孤独や人間存在の虚無を表現するための、文学上のもっとも印象的な一タイプなのです。

とはいうものの、遠ざかり、隠れた神のテーマは現代人の創作だと言うべきではありません。それは人類史上最初の祈りと同じくらい古いものです。神の存在を決して疑わず、近代の宗教批判に触れたことのない、いにしえの詩編作者たちですら神との隔たりに何度も絶望していたのです。こうした絶望感が偉大な、叙情的、宗教的な力となって、彼らに荒々しく激しい祈りを唱えさせ、燃え上がるような詩編を詠わせたのです。例えば後に十字架上のイエスが口にしたといわれる詩があります。

わたしの神よ、わたしの神よ
なぜわたしをお見捨てになるのか。
なぜわたしを遠く離れ、救おうとせず
呻きも言葉も聞いてくださらないのか。
わたしの神よ
昼は、呼び求めても答えてくださらない。
夜も、黙ることをお許しにならない。
（中略）
わたしを遠く離れないでください
苦難が近づき、助けてくれる者はいないのです。
雄牛が群がってわたしを囲み
バシャンの猛牛がわたしに迫る。
餌食を前にした獅子のようにうなり
牙をむいてわたしに襲いかかる者がいる。

わたしは水となって注ぎ出され
骨はことごとくはずれ
心は胸の中で蠟のように溶ける。
口は渇いて素焼きのかけらとなり
舌は上顎にはり付く。
あなたはわたしを塵と死の中に打ち捨てられる。

犬どもがわたしを取り囲み
さいなむ者が群がってわたしを囲み
獅子のようにわたしの手足を砕く。
骨が数えられる程になったわたしのからだを
彼らはさらしものにして眺め
わたしの着物を分け
衣を取ろうとしてくじを引く。

主よ。あなただけは
わたしを遠く離れないでください。

わたしの力の神よ
今すぐにわたしを助けてください。（詩編22）

似たような情熱と激しさをもってマルティン・ルターは人間に対する神の隔たりについて語っています。神との隔絶にひどく苦しんだあまり、ルターはそれを自分の魂への正真正銘の攻撃と受け取りました。神が自分と隔たっていること、それはルターにとっては神の怒りなのです。このように神を怒れるものとして経験した人は、「自分は神に見捨てられた、自分を認め、自分に耳を傾けてくれる神はもう天にはいない」と考えるようになります。そのような人間は全くうち捨てられ、徹底的に孤独です。ルターによる「神の怒り」の発言は、神の裁きや地獄の刑罰などといった中世的な観念とはあまり関係がなく、むしろ近代ニヒリズムを先がけて示しています。神は遠く隔たり隠れたと思い知るとき、その人は「神の敵」になります。彼は神を徹底的に憎み始め、「神が存在しないほうがいい」とまで思います。そして、「神に対するこのような恨みが彼の魂に突き刺さる」のです。

ところで「隠れた」という言葉には二つの面があるかもしれません。神に対して隠れたと非難の声を上げる者は、また自分自身にも問うてみなければならないでしょう。なぜ自分はそう思うのか、自分のほうから背を向けたのではないか、神はもしかしたら隠れる理由があるのではないかと。ルターなら、こう言うでしょう。すべてを、神さえも不当にわがものとし、利用しようとする罪深い人間から逃れるために神は隠れたのであると。これこそがキリスト教にとっての「罪」の本質なのです。こうした意味で、隠れること以外に神に選択の余地を残さないのは人間のほうなのでしょう。ところが神のこの「隠世」には（ここにルターの信仰の見事な逆説性が見られるのだが）、密かな意図があると、こう言うのです。それを通して、神の配慮が人間に用意されていると。神の「隠世」は、人間の方から神との隔たりを克服できないことを示しているけれど、もし人間がそのことを悟るなら神は隠れ場所から出てくるであろうと。そのときの喜びは大きいであろうと。また神と魂とは、ルターが神秘主義の言葉をもって表現したように、花嫁と花婿のごとく互いに親密になるであろうとも。

24 「仮にあなたが神を信じるとしましょう。神にユーモアがあるというしるしを知っていますか？」

こんな質問をマックス・フリッシュ（一九一一～九一年、スイスの作家）がその著作『アンケート用紙』において読者に向けています。冷静な神学者としては、本当ならこの質問に「ノー」とはっきり答えるべきでしょう。たとえここ数年来ユーモアに熱心な教会の代表者たちが、聖書にも笑いを誘う箇所がいくつもあると断言しようとも。信仰とユーモアとは本質上の違いがあることを、基本的に心にとめておかなければなりません。信仰は畏敬と救いとに、また沈思と改心とに関わるものです。とはいえジョークは気分を転換させ、適宜な距離をつくり、当人の申し立てたスケールの大きさを相対化してくれます。信仰は決して重苦しくもなく、真面目くさったものでもありません。信仰は、解放された軽快さ、すべてのものと調和した、幸せな感覚を与えてくれます。それは、面白可笑しくはないけれども快活です。アシジのフランシスコ[*9]の「太陽の賛歌」のように快活です。

私の主よ、あなたは称えられますように、
すべてのあなたの造られたものと共に、
太陽は昼であり、
あなたは、太陽で
私たちを照らされます。

太陽は美しく、
偉大な光彩を放って輝き、
いと高いお方よ、
あなたの似姿を宿しています。

私の主よ、あなたは称えられますように、
姉妹である月と星のために。

あなたは、月と星を
天に明るく、貴く、
美しく造られました。

私の主よ、あなたは称えられますように、
兄弟である風のために。
また、空気と雲と晴天と
あらゆる天候のために。
あなたは、これらによって、
ご自分の造られたものを
扶《たす》け養われます。

(中略)

私の主よ、あなたは称えられますように。
私たちの姉妹である
母なる大地のために。
大地は、私たちを養い、治め、

さまざまな実と
色とりどりの草花を生み出します。
（後略）
（訳：庄司篤）
（『太陽の歌―アシジのフランシスコ』川下勝、聖母文庫、一九九一年）

† イエスについて

25 イエスはどのような容姿をしていたのですか

イタリア警察の専門家たちが二〇〇四年にナザレの若きイエスのモンタージュ写真を公表して世間をあっと言わせました。トリノの聖骸布を使ってつくり上げたのです。古くから尊ばれてきた言い伝えによれば、十字架にかけられたイエスの遺体はこの布にくるまれたのだそうです。まるで奇跡でも起きたかのように、この布にイエスの顔の押型がうっすらと残されているということです。なぜそこで、イタリア警察の鑑識課の専門家たちはこの押型をコンピュータで若返らせたのです。なぜそんなことをしたのでしょうか。それはいまもって秘密です。現れ出てきたのは、大きな目、きりりとした鼻、細い唇と巻き毛、上を向いた大きな敬虔なまなざしを持つ柔和な青年の顔の、いくらか色あせたポートレートです。やり方がいかがわしいだけに、成果もあまり驚くほどのものではありません。どこをとっても有名な聖画と変わるところがないのです。

イエスがどんな容姿を持っていたのか、それは誰にも分かりません。新約聖書の記者たちは人相描写にはいかなる興味も持ち合わせていなかったからです。その反対に、後世の人々はイエスの肖像を描こうと苦心を重ねてきました。ときにより芸術的価値があったりなかったりしたそれらの画像は、たいてい福音書からヒントを得たものでしたが、独自の構想も多々ありました。彼ら自身も自分たちの描くイエスのような、まことの人間でありたかったのでしょう。これを非難するべきではありません。イエスの画像は、自分の信仰が形を得るために必要な媒体だったのですから。ただし、それはしょせん本物ではありえないということを意識していなければなりません。

二〇〇四年にキリスト受難の映画「パッション」を製作したメル・ギブソンは、ヴァチカンで開いた上映会の後で、教皇が次のようにコメントしたと宣伝させました。「それは、その通りだったのです」。ヴァチカンの報道官がすぐにこれを打ち消しても、メル・ギブソンは自分の製作した映画のイエス像が唯一真実のものだとの主張を変えませんでした。これは単なる宣伝上の策略ではなく、監督としての深い確信だったようです。ただし、自分の個人的なイエス像が本物だと主張することは、たとえ非常に信心深くとも涜神的行為にならないだろうかとの疑念は残ります。

26 イエスについてどんなことが知られていますか

現代のキリスト教徒は単にイエスを信じるだけにとどまらず、イエスについてもいろいろ知りたいと願っています。しかし確実な歴史上の知識を得るためには良き文献が必要です。これは古代の多くの重要人物に対してと同じく、イエスに対してもあてはまることです。ところが、しっかりした伝記を書けるほどの、基盤となる文書がおおかた伝えられているというわけではないのです。もっとも、イエスの生活とその活動の大要は、かなり良好に証言されていますが。

ともあれ、使徒パウロの手紙のような初期の証言でさえ、死後約二〇年を経てようやく起草されました。そこに伝記上の関心は少しも示されていません。パウロにとっては、イエスの生涯や教えよりもキリストの十字架や復活のほうがよほど重要だったのです。さらに二〇年後に、おそらくもっとも古いマルコによる福音書が成立しました。ただ、この福音書も、そのあとに続く三つの福音書も、今日読まれている伝記の水準に達するほどの基盤を提供していないのです。第一に、語り伝えられる出来事には伝説的性格を帯びたものが多いし、また、イエスの生涯の一時期しか語られていません。福音書はイエスの子ども時代や青年時代については言及せず、その公的活動の短い期間に偏っています。イエスがどのようにして後のイエスと成ったのかが説明されることはもはやありません。そのようなわけで、「イエスの一生」が書かれることはないのです。だからといって、イエスについての歴史的な問いかけが無意味だというわけではありません。少なくともイエスの生涯と教えの主要な事柄を集めた、歴史的に見て納得のゆくイエス像を描くことは可能です。

それに従うなら、ほぼ三〇歳の成人ナザレのイエスは、突如北パレスチナの故郷ガリラヤを回って伝道を始めました。何がイエスをそうさせたのか、今となっては正確なことは言えません。洗礼者ヨハネがここに重要な役割を演じた公算がかなり高いのです。彼と同じくイエスも人々に悔い改めよ、神の国が近づいたと呼びかけています。ところがイエスの場合、このメッセージはヨハネとは別の、明るい調子を帯びています。イエスはすでに「神の国はあなたがたの間にあるのだ」（ルカによる福音書17・21）と、歓び告げるのです。神は遠くにおられる世界の支配者でも厳格な裁判官でもなく、良き父のごとく近くに在って優しいと。

イエスはこの福音をもって村から村へ回ります——自分の暮らしの心配をすることもなく。人々が好奇心にかられて続々と押し寄せてきました。大勢の人たちが病人や身体不自由者たちを癒してもらおうと連れて来ます。何もかも後に残してイエスにつき従う人たちもいます。弟子たち、また女、子どももいます。体制側の宗教指導者や文化担当幹部には見られない、尋常ならぬカリスマと権能をもって話すので、イエスは人々を惹き付けたのです。ありきたりの宗教上あるいは道徳上の秩序をおもんぱかる様子もありません。そうした秩序から外れたところに置かれた人たち、たとえば病人や罪人の方にためらいもせず向かいます。イエスはあらゆる価値について、驚くべき転換を実行したのです。聴衆を硬直した規則から解放しようとしたのです。それと同時に彼らにも極端な要求を出しました。すなわち、おのれの敵をも愛せよと。

イエスがガリラヤを渡り歩いたのはおそらく一年ぐらいでしかありません。その後イエスは都に向かい、過越し祭にエルサレムへ上りました。聖、俗の当局はぴりぴりしています。世俗の権力者たちは政治的な騒乱を恐れ、高位の聖職者たちは彼らの宗教的権威が脅かされていることに気づいているのです。イエスは彼らをなだめようともしません。イエスの出現は巡礼者の群れを興奮させます。そのためにイエスは捕えられ、ユダヤ教の指導者たちの尋問を受け、ローマの占領者にもっとも残忍な形の死刑を宣告されます。弟子たちにも去られ、ナザレのイエスは十字架にかけられて死んだのです。

アルベルト・シュヴァイツァーは、その大作『イエス伝研究史』（全三巻、遠藤彰・森田雄三郎訳、白水社、二〇〇二年〔新装復刊〕）において、人間イエスの謎を歴史学的に解こうとする自由主義神学の画期的意図に対して辛辣な批判を加え、以後イエス伝を書こうとする試みの基盤を取り上げてしまいました。が、そのことからシュヴァイツァーは、史的イエス像が現代の人間にもはやなんの関係もないとは結論づけませんでした。それが、その著作の結末に見事に示されています。

未知の人、名もない人として彼（イエス）は私たちのところへやって来る。ちょうど湖の岸辺にいた、彼が誰であるかを知らない男たちに近づいて行ったように。彼は同じ言葉を口にする。「わたしに従いなさい！」と。そしてこの時代に解決されねばならない課題を私たちに示し、命じる。そして、賢明な者であろうとなかろうと彼に従う者に、彼の信仰共同体の中で平和、活動、戦い、苦悩を体験することにおいて、イエスは自らを顕示される。すると彼らは避けては通れぬ秘密を知ることになるのだ――彼が誰かを…。（高島訳）

27 イエスは最初のキリスト教徒だったのですか

イエスはキリスト教徒ではなく、ユダヤ教徒です。ところで、その頃のユダヤ教は非常に形態が多様でした。独立した政治の権力者がいなくなってからは、古代イスラエルに新しいかたちを与えようと試みるさまざまな動きがあったのです。こうした中で、大勢いたユダヤ教の改革者の一人がイエスだったわけです。イエスが告げた多くのことは少しも目新しいものではなく、旧約聖書か同時代のラビ文献にすでに述べられていたものばかりです。そもそもイエス特有の言葉はさほど多くないのです。とはいえ、次の二点は革新的です。まず第一に、伝統的権威を顧みることなくメッセージを広めたその全き権限、そしてもう一つは一切を愛の原理に集約させるその教えの簡潔さ。イエスはこの二点をもって、死後の復活と聖霊降臨後に芽生えた、そしてユダヤ教を超えて大きく成長した宗教を産み出す種を蒔いたのです。しかしユダヤ教からの明確な分離は、使徒パウロがイスラエルの宗教的戒律を乗り越えたと表明し、キリスト崇拝をその代わりとしたときに初めて完了しました。それで、最初のキリスト教徒はイエスではなくパウロなのです。

28 イエスは処女から生まれたのですか

イエスの母はマリアといい、父はヨゼフといいます。マリアは後にもさらに子どもを生《な》した若い女性でした。何はともあれ、彼女が息子の忠実な信奉者であったとは、とうてい言えないでしょう。それどころか、彼女は一家ともどもイエスとはっきり距離をおいていたようです。イエスが蘇ったキリストとして、そして神の子として高められ崇められるようになってから、マリアを理想的な、穢れのない女性として誉めたたえる聖伝説が語られ始めたのでした。

29 イエスは奇跡を起こすことができたのですか

イエスは魔術師ではありませんでした。奇跡を起こすことがかれの仕事ではありませんでした。奇跡信仰を拒絶していました。新約聖書の奇跡物語の文中には三つの事柄が目につきます。まず第一にイエスは奇跡をついでに、そして奇妙なほどさりげなく行ったということです。大きな効果を求める演出は一切しませんでした。第二に、何かを証明するために奇跡を行ったことは一度もなかったということです。ひとえに憐れみから行いました。他の人の苦しみを「気の毒だ」と思ったのです。第三にイエスは、また福音書記者たちは、奇跡そのものではなく、イエスやそのメッセージをめぐる議論、ある者の改心、他の者による拒絶などといった、その影響力に関心があったことです。

追記　新約聖書の癒しの奇跡は、「我々にとってもまた大いに意味を持つが、不可思議な出来事としてというよりも、同情と慈悲の行為としてである」。（アルベルト・シュヴァイツァー）

30 イエスに従うとはどういうことなのですか

イエスは弟子たちに何を望んだのでしょうか。それは、彼らがイエスの後に従うことです。だからペトロや他の弟子たちに仕事を、家族を、これまでの生活をすべて捨てて、「わたしに従いなさい」と呼びかけたのです。後ろをふり返ってはいけない。イエスとともに来るべき神の国に向かって歩まねばならないと。後に従うのは辛いことでした。弟子たちは文無しになり、運命に無防備にさらされました。その反面、彼らにとってイエスに従うとは、ある意味で幸運のようなものだったに違いありません。我々はイエスをともかくも『幸せなハンス』（グリム童話）と想像するべきでしょう。かれにつき従った者は皆心配事から解放されたのですから。彼らはアイヒェンドルフ（一九世紀前半のドイツの作家）の『のらくら者』のように自由に、そして種を蒔かず刈り入れもせずとも天の父が養ってくださる鳥のように、束縛されずに生きたのでした（ルカによる福音書12・24）。

最初の弟子たちは後に従えという呼びかけを全く字義どおりに受けとり、全てを捨てて、イエスと行をともにしました。ところが次世代のキリスト教徒がこれを実行するのは早くも不可能になったのです。待ち望んだこの世の終焉は延び延びになっています。それがやって来るまでは、自己の所有する家や仕事や仲間との古くからの絆が存続しています。そうであれば「後に従う」とは、肉体的に出発することとはまた別のこと、例えば「物を買う人は持たない人のように」すべきである（コリントの信徒への手紙一7・30）といったような、いわば心の可動性とか精神的な自由を意味するに違いありません。

31 イエスはなぜ大人よりも子どもたちをひいきにしたのですか

　イエスは愛情の分配に関しては不公平です。ある人たちより他の人たちのほうが好もしいのです。一番の好みは当時の支配情勢になんらの役目を演じていない人たちでした。この点では、イエスの好意の不公平な分配は調和のとれた正義感の表現でした。イエスは社会的、および政治的な体制側とは距離をおいていました。その分なおのこと、病人、障害のある人、異邦人、貧しい人、女たちなど、社会からはみだした人たちに接しました。とりわけ、子どもたちを近しく感じていたのでした。けれど感傷的な意味で子ども好きだったからではなく、子どもたちの中に信仰の本当の手本を見たからです。子どもならではの無邪気な、無条件の信仰心をもって、信仰者は天の父にみずからを委ねよということなのです。

　あるとき、イエスが民衆に語っていました。子どもたちが賑やかに傍に押し寄せてきます。弟子たちは叱って脇へ追いやろうとします。するとイエスが憤り、次のように言ったのです。「子どもたちをわたしのところに来させなさい。妨げてはならない。神の国はこのような者たちのものである」と。（マルコによる福音書10・14）

32 「山上の説教」をもって政治を行えますか

山上の説教は、福音書記者マタイがイエスの個々の訓話を見事にまとめあげたものです（マタイによる福音書5～7）。その大きな意味を際立たせるために、マタイはイエスがその説教を名も知れぬ山の上で行ったことにしています。山は象徴的な場所です。モーセが神から十戒を授かったシナイ山のことを思ったのかもしれません。イエスは弟子や群衆の前に新しい、よりすぐれたモーセとして登場し、これまでとは違う、より高い道徳律を告げます。かれの「掟」は、従来のあらゆる価値の転換を迫るものです。救世主としての全権をもってイエスは人々の前に立ち、そうして昔ながらの権威者を彼らの高座から追いやります。古くからの律法はもうその責務を果たした、今や別の、救済の始まるときに適した生活秩序が必要な時なのだと。六つのたとえ話でイエスがこのことを聴衆に明らかにしています。

あなたがたも聞いているとおり、昔の人は「殺すな。人を殺した者は裁きを受ける。」と命じられている。しかし、わたしは言っておく。兄弟に腹を立てる者はだれでも裁きを受ける。

（中略）

あなたがたも聞いているとおり、「姦淫するな」と命じられている。しかし、わたしは言っておく。みだらな思いで他人の妻を見る者はだれでも、既に心の中でその女を犯したのである。また、あなたがたも聞いているとおり、昔の人は、「偽りの誓いを立てるな。主に対して誓ったことは、必ず果たせ」と命じられている。しかし、わたしは言っておく。一切誓いを立ててはならない。

あなたがたも聞いているとおり、「目には目を、歯には歯を」と命じられている。しかし、わたしは言っておく。悪人に手向かってはならない。だれかがあなたの右の頬を打つなら、左の頬をも向けなさい。

あなたがたも聞いているとおり、「隣人を愛し、敵を憎め」と命じられている。しかし、わたしは言っておく。敵を愛し、自分を迫害する者のために祈りなさい。

（マタイによる福音書5・21〜44）

イエスは古い律法を破棄します。聴衆を頑迷な律法の一覧表に従って暮らさねばならぬくびきから解放します。その限りではイエスの山上の説教は「リベラル」です。とはいっても、イエスは決して聴衆を楽にさせてやりたかったわけではありません。かれは古くからの律法を破り捨てはしますが、それを上回ってより一段と激しくしたのです。「わたしが来たのは律法や預言者を廃止するためだと思ってはならない。廃止するためではなく、完成するためである」（マタイによる福音書5・17）。イエスは律法の本来の意味に日の目をあてることで、律法の目的を満たそうとしました。けれどそのためには本質的な部分を拡大し、掘り下げ、ときには逆さにする必要があります。こうした価値の転換をもってイエスは、道徳とはとりもなおさず心の問題であって、外見的な行いの問題ではないことを示そうとしたのです。人間は外側に向けては戒律に適った行動をとれても、内心はまったく不道徳であり得る。心は邪悪でも手は善行が可能なのです。そのため、何にもまして人間の内なる感覚、良心が変わらなければならないとしています。このような意味から、イエスは古い律法を外面から内面へと逆転させたのです。殺人行為だけに限らず、憎む気持ちまでも禁じられねばならないと。あからさまな不倫行為はもとより、他人の女に対する欲望さえもすでに道徳に反するのだと。裁きの前で偽証することだけでなく、そもそも正直なふりをすることこそ愚鈍にあたいするのだと。災いをもたらした者に対する復讐はおろか、復讐心そのものが間違っていると。

古い律法への忠誠に代わる新しい感情が生まれなければならない、あらゆる人たちへ限りない、無条件の愛を持たなければならないとイエスは言います。イエスの言葉を聴く人はすべての人々を無防備で愛さなければならないと。友人、異邦人、それに敵をも。彼らは神と同じくらい完全であらねばならない。「自分の兄弟にだけ挨拶したところで、どんな優れたことをしたことになろうか。異邦人でさえ、同じことをしているではないか」。（マタイによる福音書5・47）

イエスはさらに人々の宗教心をも変化させようとします。「見てもらおうとして、人の前で善行をしないように注意しなさい」とイエスは聴衆に向かって言い（同、6・1）、また人の前にさらすのではなく、内面的に澄んだ偽りのない信仰を持つようにと戒めます。施し物を人前で公然として、気前の良さが世間に知れ渡るように見えてはならないとも。「施しをするときは、右の手のすることを左の手に知らせてはならない」（同、6・3）。また舞台の上で祈り、特別敬虔であるかのように見せるべきではないと。「あなたが祈るときは、奥まった自分の部屋に入って戸を閉め、隠れたところにおられるあなたの父に祈りなさい」（同、6・6）。そして断食するときもわざとらしく沈んだ顔をしてはいけないとも。「あなたは断食するとき、頭に油をつけ、顔を洗いなさい」。（同、6・17）

真の敬虔はひそやかです。けれど影響を及ぼさないというわけではありません。敬虔は愛と同じで、見せびらかせば台なしになってしまうほど貴重な心の財産です。反面、それが注意深く守られ、みがかれる内心の光であるなら、その光はおのずから発し、内面的にも外面的にも全生活を決定づけることでしょう。

こうした新しい、数々の「掟」は、守られているかどうかを客観的にチェックできるようにと、イエスが確立させたのではありません。人々の心と良心の変化がねらいだったのです。その際、イエスは厳格と柔和とを独特のやり方でつないでいきます。いたって厳しいのが、――必ずしも比喩的な意味ばかりではないのですが――みだらな思いで他人の妻を見るなら自分の目をえぐり出して捨ててしまいなさいという、その要求です。また容赦なく厳格なもの、それは貯蓄することや財産を得ようと努力することに対する禁止です。なぜなら「あなたの富のあるところに、あなたの心もあるのだ。………だれも、二人の主人に仕えることはできない。一方を憎んで他方を愛するか、一方に親しんで他方を軽んじるか、どちらかである。あなたがたは、神と富とに仕えることはできない」。（同、6・21、24）ここでイエスは妥協しません。ただ二者択一するしかないのです。

ところがこんな厳格な戒めの一方で、唖然とするほど柔和な面もあります。それはイエスが人々の心配事について話す箇所に見られます。そんな心配がいかにつまらないことか、どうして人間は神ご自身が心配してくださるのに自分の事を心配するのかとイエスは言うのです。

自分の命のことで何を食べようか何を飲もうかと、また自分の体のことで何を着ようかと思い悩むな。命は食べ物よりも大切であり、体は衣服よりも大切ではないか。空の鳥をよく見なさい。種も蒔かず、刈り入れもせず、倉に納めもしない。だが、あなたがたの天の父は鳥を養ってくださる。あなたがたは、鳥よりも価値あるものではないか。あなたがたのうちだれが、思い悩んだからといって、寿命をわずかでも延ばすことができようか。なぜ、衣服のことで思い悩むのか。野の花がどのように育つのか、注意して見なさい。働きもせず、紡ぎもしない。しかし、言っておく。栄華を極めたソロモンでさえ、この花の一つほどにも着飾ってはいなかった。今日は生えていて、明日は炉に投げ込まれる野の草でさえ、神はこのように装ってくださる。まして、あなたがたにはなおさらのことではないか、信仰の薄い者たちよ。だから、「何を食べようか」「何を飲もうか」「何を着ようか」と言って、思い悩むな。それはみな、異邦人が切に求めているものだ。あなたがたの天の父は、これらのものがみなあなたがたに必要なことをご存じである。何よりもまず、神の国と神の義を求めなさい。そうすれば、これらのものはみな加えて与えられる。

（同、６・25〜33）

山上の説教はこの世向けの道徳を包含してはいません。これをもって国家を作ることはできないのです。これをもって経済秩序を打ち立てることもできません。各人が将来の苦境に備えて財産を作ることに関心を持たなければなりません。各人が自分の権利を制限されないよう、自分の名誉を傷つけられないよう、用心しなければなりません。どの国も法的安全性を保証しなければなりません。どの国も国土防衛を行わなければなりません。外敵は、万一の場合には実力行使で防がなければならないのです。とするならばキリスト教信者は公職に就いてはいけないのでしょうか、政治家や兵士になることはできないのでしょうか。これはキリスト教史全体にわたる重い課題です。

これに対するカトリックの典型的な反応は次のようなものでした。端的にいえば、山上の説教の有効範囲を限定しようと試みたのです。敵を愛すること、暮らしの心配をしないことなどは、「福音的勧告」であって、ただ修道士や神父だけが従うべきものであり、一般のキリスト教徒は十戒のような、あまり仰々しくない規律を守れば十分だというのがその回答です。

プロテスタントでは、そのような特定のグループの人たちだけに限定するやり方を撤廃しようというのがその典型的な回答です。山上の説教は皆に適用されなければならない、だがあらゆる観点からというわけではない、としたのです。個人の心情に関わるなら、この掟はどのキリスト教徒にもあてはまるが、そのときどきの役目に関する場合は、その限りではないというのです。キリスト者の政治家や経済界の指導者は職務執行にあたって、自身が心の中で山上の説教を指向しているかぎり、この世の法則にしたがって実用的に動くことは全くもって許されるというわけです。

この両者の試みが根本問題に本当に答えているか否か、それは未解決のままです。真の答えなどほとんどありえないのでしょう。山上の説教は、社会秩序を設けようとしたり、政治の基本政策を述べようとしたりしたものではないからです。それは、この世を人間の眼で眺めているのではなく、神の尺度で新しい世が来ることを願っているのです。超人の住む超越的世界の方を見ているのです。それでもイエスはかけ離れたユートピアを宣言したのではありません。かれの掟は真に人間的であり、それにしたがう世界は本来の意味で人間的な世界であるとの自負をもって語ったのです。この掟にしたがって生きる者は真に幸せであると。イエスの目的は聴衆に不条理な超道徳心を過大要求することではありません。山上の説教の、冒頭の有名な句に告げられるような、彼らの幸せを念頭においていたのです。この、いわゆる「八福の教え」は大きな幸せの約束です。それは、この世でイエスの教えに従う人々だけにあの世の幸せを約束するものではありません。イエスの精神で行動し苦しむ人々皆に、今この時から満ち足りた真実の幸せを約束するものです。

心の貧しい人々は、幸いである、天の国はその人たちのものである。
悲しむ人々は、幸いである、その人たちは慰められる。
柔和な人々は、幸いである、その人たちは地を受け継ぐ。
義に飢え渇く人々は、幸いである、その人たちは満たされる。
憐れみ深い人々は、幸いである、その人たちは憐れみを受ける。
心の清い人々は、幸いである、その人たちは神を見る。
平和を実現する人々は、幸いである、その人たちは神の子と呼ばれる。
義のために迫害される人々は、幸いである、天の国はその人たちのものである。

（同、5・3〜10）

33 イエスはなぜ死ななければならなかったのですか

福音書の受難物語は客観的な事実報告ではありません。救世主ともあろう者が、皆の予想に反して何故あれほど不名誉な最期を遂げなければならなかったのかという、宗教上の問いに答えて書かれたものです。十字架の深い意味、隠された必然性とは何か。神の御子の死はどの点において神みずからの御業なのか。福音書記者たちは、この死は偶然ではなくて必要不可欠だったのであり、旧約聖書の預言者たちによって預言されていた神の救済計画のクライマックスであったことを理解させようとしています。それによればイエスは死ななければならなかったのです。人類を救うために。また、イエスは聖金曜日にいのちを捨てなければならなかったのです。復活祭の朝に、新たにいのちを得るために。イエスが何故エルサレムに上ったのか、さし迫る災難からなぜ逃げなかったのか、動機そのものはほとんど分かりません。動機は、復活に対する完全なる信仰の下で、「イエスは生きている」という解釈に吸収されてしまったのです。

34 イエスの十字架刑の責任は誰にあるのですか

「ナザレのイエス事件」を法律学的に完璧に再現することはもうできないことです。というのも、福音書記者たちの事件描写が単純に宗教的な動機だけでなされたものではないからです。そのため、描写に偏りが見られることも稀ではありません。そこには原始キリスト教とユダヤ教指導者層との摩擦が反映されているのです。それで、きわめて一面的に、ユダヤ教の指導者たちと彼らに操られた大衆がイエスの悲惨な最後の責任者のごとくに思われるのです。こういった流れは、その後に続くキリスト教の歴史においてひどく粗暴になり激化していきます。ユダヤ人に対する多くの犯罪は、ユダヤ人がキリストの殺人者だからということで正当化されていったのです。

そうした言い方は本来の意味で非キリスト教的です。厳密に言うなら、新約聖書の受難神学によれば、イエスの死は特定のユダヤ人あるいはローマ人に責任があるのではありません。十字架は神の意志に帰するのです。だからといって神に十字架の責任があると言えるでしょうか。神は罪に堕ちた人間を救済するためにそれを容認しただけなのです。そういった問いかけをする者は、非常に問題のある答えに到達してしまいます。責任についての問いかけに、言い換えれば十字架の原因についての問いかけに、古い受難歌がまったく違う方向性を与えてくれています。その歌は十字架の責任を他人に負わせません。パウル・ゲルハルト（一六〇七～七六年）の有名な賛美歌「ああ、血しおしたたる主のみかしら」の四節では、次のように歌われています。

主のくるしみはわがためなり
われは死ぬべきつみびとなり
かかるわが身にかわりましし

35 復活祭とは何が起きた日なのですか

復活の日の朝に起きたことに関する最古の証言はパウロによるものです。ただし、詳細な記述や具体的な話を期待する人は失望するでしょう。空の墓や不可思議な遭遇には触れていないからです。パウロはかなり飾り気のない要約に絞って、次のようにそっけなく記しています。「……キリストが……わたしたちの罪のために死んだこと、葬られたこと、……三日目に復活したこと、ケファ（ペトロ）に現れ、その後十二人に現れたことです。次いで、五百人以上もの兄弟たちに同時に現れました。……次いで、ヤコブに現れ、その後すべての使徒に現れ、……」（コリントの信徒への手紙一15・3〜7）。パウロはただ磔刑、埋葬、復活など救済史の三つのステップを指摘し、それから証人の名を順に挙げただけです。これは世間一般の解釈では目撃証人ではなく幻視です。彼らは活きたイエスを幻覚の中に見たのです。

この復活のヴィジョンを夢みたいな願望とか虚しい希望などとあっさり片づけてしまうことはできないでしょう。それは弟子たちの絶望を喜びに逆転させるはずのものでしたから。ところでこの証人たちは、それを全く思いがけない転機として経験したようです。彼らは、幸福感に酔い、期待に満ちて、師とともにエルサレムに上ったのでした。それなのに、彼らのメシアがありきたりの犯罪者として刑死するのを見聞きしなければならなかったのです。不安げにびくびくし、絶望し、失望して、師を最期のときに独りにして逃げたのでした。彼らの使命は失敗に終わりました。希望は打ち砕かれ、すべてが終わってしまったのです。

ところがそのとき、歴史的または心理的にも解明できない神秘的な転換が起こります。死者が門弟たちの前に「現れた」のです。彼らはかれを「見た」のです。すると突然イエスと彼らの物語がまったく新たに始まったのです。この再出発が四人の福音書記者の復活物語の中に目に見えるように生き生きと語られています。歴史的な記録としてそれを読むことはできません。そのためには四福音書は互いにあまりに違いすぎます。それは、十字架が終わりではなく、新しいいのちの始まりなのだとの感銘を象徴的な話で伝える、信仰の物語なのです。復活物語の宗教的な意味はルカによる福音書の一句にまとめられます。イエスに従ってきた婦人たちのうち数人は、復活の日の朝、慣習的な儀式としての身じまいを亡骸に施すため墓にやって来ました。そして、墓が空であることを確認して仰天したのです。すると二人の天使が彼らのところに現れて、一切を決定する質問をしました。「なぜ、生きておられる方を死者の中に捜すのか」と（ルカによる福音書24・5）。

† 聖霊と初期の教会について

36 なぜ聖霊降臨祭（ペンテコステ）が教会の誕生日といわれるのですか

キリスト教の救済物語の論法によれば、弟子たちは二度イエスに別れを告げなければなりませんでした。一度目は十字架の下で。二度目は復活の期間の終わりに。彼らが自分たちの真っただ中に「見た」ところの、蘇った者はいつまでもそこに留まることができなかったのです。彼は永遠の中に戻らねばならず、昇天せねばならなかったのです。昇天祭はイエスとの最終的な別れの祝祭でもあります。その後に彼の何が残ったのでしょうか。誰が彼の代わりをするのでしょうか。こういった問いが聖霊降臨祭をめぐるのです。

聖霊降臨祭のギリシア語「ペンテコステ」は五〇を意味し、聖霊降臨祭が復活祭後の五〇日目であることを指しています。この日はユダヤ教の週祭である小麦の収穫祭とかち合います。この祭のために弟子たちもまたガリラヤからエルサレムにやってきました。蘇った者について、彼らが見たヴィジョンを住民や巡礼者たちに知らせようと思っていたのです。すると天から激しい風が吹いてきました。炎のような舌が一人ひとりの上に止まります。一同は「聖霊（神の霊）」に満たされ、忘我の状態に陥りました。弟子たちは「舌で」話し出しました。教育を受けていないガリラヤの人たちが突然習ったことのない外国語で説法を始めたのです。住民や異国の言葉を話す巡礼者の多くは話しかけられたような気持ちになりました。また、あの弟子たちは酒を飲んだに違いないとあざける者たちもいました（使徒言行録２）。

ともあれ、第三者には酒酔いと見えても弟子たちには敬虔な酩酊でした。聖霊に酩酊して新しい信徒を得て、最初の信仰共同体をつくったのです。聖霊の降臨が教会の誕生日となったわけです。ということで、教会の源泉は崇高なまでの熱狂でした。この源泉がまだ新鮮で勢いよく湧き出ていたときは、教会は最小限の形式でこと足りました。規則や典礼儀式などの制度は必要ではありませんでした。初めの熱情が消えたときに、その必要性が出てきたのです。最初、教会は熱狂している人は誰であろうともろ手を上げて迎え入れていました。そういうことからも最古のキリスト教共同体は、きちんと整っていたというよりは、むしろ狂熱的な性格を帯びていたと考えられるのです。普通ではない表現はすべて門弟であることの確かなしるしと解されました。異言、予言、無我夢中な発音による歓声、恍惚状態、歌声を上げること、ろれつのまわらぬ話しかた、どもること、うめき声。また極端な無頓着からくる非日常的モラルもこれに属します。それは、無制限な気前の良さ、自己選択による無産、自己の生活へのあっぱれなほどの無関心、そしてついには殉教死などの形にも表れました。

これをもってすべてが始まったのです。こんな状態にいつまでも留まることはできません。古代教会の歴史は熱狂と制度の間の軋轢により決まっていきました。ゆっくりと、だが確実に、初めの熱情は醒めていきます。最初の緊張感をずっと持ちこたえることはできないのです。それに、聖霊がばらばらに散ってしまう危険もありました。というのも、大勢の予言者、治療師、カリスマ的指導者たちがそれぞれに自分が聖霊の保持者であると主張する必要があったからです。彼らは互いに相容れませんでした。では、いったい誰が真に神の霊で語り、真実を話したのでしょうか。源泉が最初ほど勢いよく湧き出なくなったとき、いかにすればキリスト教の信仰を長い間保てるのでしょうか。

このような問題に若く未熟な教会が答えを見つけようとしました。そのための重要な方策が「職制」だったのです。教会は聖職者を養成し、聖霊を教会制度に結びつけました。それ以後は、聖霊はちょうど行きたいと思ったところになびいて行くのではなく、聖職者の位階制度に結びつけられました。聖霊は一個人の偶然的カリスマによってではなく、聖職者によって保留されることになったわけです。このような意味からカトリック教会は「使徒伝承」[*10]を案出したのでした。この教義によれば、もともとの聖霊は、初代教皇とされるペトロから今日の一番新しい教皇までの叙階（聖職授与）による間断ない系列のうちに、そしてさらに教皇から全ての司教、司祭に受け継がれてきたとされます。神の霊がいわば聖職者たちの頑丈な鎖で囲まれたわけです。こういった叙階の合意はプロテスタント教会にはなじみがないことです。教職者の叙任はあるにしても、それは特別な教会任務に対して特別な祝福を与える以外のなにものでもありません。カトリック教会におけるような聖霊の教権主義化はなされようがないのです。

とはいえ、聖霊がこうした敬虔な聖職者の勢力下にあったことの価値まで隠蔽すべきではありません。ひどく非難されるこの教会の職制は、キリスト教の霊（あるいは精神）がグノーシス派[*11]に惑わされた人たちに占有されるのを阻止したのです。初期の共同体が多くの中断期を切り抜けて世界的な教会に成長したのは、その制度化に負っているのです。他方、霊と制度の間の根本的な緊張関係がキリスト教史全体を貫いています。最初の熱狂が制度化を要求するに至ったわけですが、じきに霊の自由な動きを締めつけるように思えてくるのです。それで、硬化の段階のあとには何度も軟化や、また宗教改革、神秘主義などにおけるような熱狂した抵抗の段階が続くのです。それでも、この新たな霊の噴火は、すぐにまた日常化、恒常化するのでした。

37 キリスト教徒は宣教活動を行わなければならないのですか

世界宗教であるキリスト教は、宣教する宗教です。そこのところが、真理の主張が特定の地域や部族、一国の国民だけに限られる古い民族宗教とは区別される点です。キリスト教は全体に向かっています。キリスト教はその神に唯一の主を、全世界の創造主を見ます。それなので、すべての人に向けられているのです。宣教団（ミッション）とともにあらゆる人種、国家、社会の境界線を徹底して飛び越えるのです。

ミッションとは派遣という意味です。すでに初期のキリスト信仰者が自分自身を復活したキリストによって世界中に派遣されたと見なしていました。マタイによる福音書の最後にイエスが弟子たちに呼びかけています。

わたしは天と地の一切の権能を授かっている。だから、あなたがたは行って、すべての民をわたしの弟子にしなさい。彼らに父と子と聖霊の名によって洗礼を授け、あなたがたに命じておいたことをすべて守るように教えなさい。わたしは世の終わりまで、いつもあなたがたと共にいる。（マタイによる福音書28・12〜20）

この句は命令であると同時に約束でもあります。

初代の弟子たちはまずユダヤ人の中に追随者を求めようとしました。それから間もなく、己が真理を得心させようと、近隣の異教徒のところへ出かけて行きました。つづいてパウロはほとんどローマ帝国の全域にわたって順序立った宣教旅行を開始したのです。彼は主だった町に教会を設立し、それがその地方の次の教会設立の起点となりました。二世紀の終わりごろにはキリスト教は地中海沿岸のすべての国に存在していました。そしてさらに遠く離れた地方にまで進出していったのです。一部では、ローマ帝国の国境も超えました。宣教師の何人かはインドにまで行ったようです。つまりキリスト教は、世界的宗教であると主張するだけに留まらず、他の宗教が後にも先にも例を持たないほど大きな影響を全大陸に及ぼしたのです。初期の宣教師は、ひたすら融和的な社会参加と純粋に宗教的なやり方をもってこれに成功したのでした。

これは、近世初頭にキリスト教ヨーロッパが再度キリスト教を「世界の果てまで」広めようと出かけた時に変わります。この時期の宣教はもはや純粋に宗教的な事柄ではなく、ヨーロッパ何カ国かの政治的拡張と結びついていました。宣教は植民地主義と帝国主義の一部になったのです。スペイン人とポルトガル人が新大陸を征服したとき、新たに発見した民族を改宗させ、教導させようと聖職者も引き連れていきました。イギリス人、オランダ人、フランス人、そして出遅れてわずかな成功しか収めなかったドイツ人が南の太陽の下の場所を確保しようとアフリカやアジアの民族を征服し、搾取したばかりでなく、信仰までももたらそうとしました。

ここで、宣教団は常にヨーロッパの侵略者たちによる統治の道具となっていました。そのため、彼らは大きな世界史上の責任をみずから負うことになったのでした。というのも、国家の強制措置の手助けをもって、ひいては異郷の文化のアイデンティティーを、そして多数の人々のいのちまでも奪ってしまったのですから。その反面、キリスト教の宣教活動は肯定的な影響も与えました。多くの民族や部族に文化的な進歩をもたらしています。興味深いことに、キリスト教の宣教はこの面で作用を及ぼすことのできる場所でのみ、真に長期の成功を収めています。インドや中国や日本のような古い文化を持つ国民、あるいはユダヤ教徒、イスラム教徒、ヒンズー教徒や仏教徒のように高度の宗教の信奉者に対する宣教は、たいていの場合徒労に終わりました。けれど、いわゆる発展途上の民族においては、新しい信仰はもとより、常に文化的な革新ももたらしたので、宣教は成功しました。

38 初期キリスト教徒の成功の秘密は何ですか

我々はキリスト教を当然のごとくに最大級の世界宗教と理解することに慣れています。他の解釈を知りません。しかし初期のころは、イエス信奉者たちの小さなセクトが古代の宗教市場で勝利を収めるなど、到底ありえない話でした。古くからある多神教崇拝がまた勢力を取り戻すとか、秘教的な密儀宗教のような、中近東から持ち込まれる宗教が制覇することも考えられたからです。それではキリスト教の成功の特別な秘訣はどこにあったのでしょうか。

古代末期の人々をキリスト教信仰に引き寄せた要因はたくさんありました。何よりもまず、それが古代の多神教より優れて見えた一神教だったということ。しかもユダヤ教一神教に比べて、それほどむき出しではなく、また観念的でもないように思われたこと。キリスト教の唯一神信仰はイエス・キリストのうちに具象的焦点も持ち合わせていました。そのうえユダヤ教と異なり、また異教徒の古い民族宗教とも異なって、ひとえに普遍的でした。人種的出所に関係なく、ありとあらゆる人々に向かっていました。その点でグローバル化したローマ帝国にもぴったり適合したのです。この万人の唯一神教は偉大な救いの約束を内包していました。この救済はすべての人に与えられるとされました。哲学的教養のある人や社会的特権を有する人に限らず、女、貧者、奴隷など、この世で発展する望みのない人たちにこそ与えられるのだというのです。どの人間の魂にも無限の価値が与えられるわけです。ここにこそ、古くからの結束が失われていた古代末期に、特に必要とされた宗教の個人化の芽が認められるのです。この個人化への補足として、キリスト教は確固たる共同体生活を提供したのでした。密儀宗教や哲学諸派とは違って、新興のキリスト教は教会を形成しました。この力強い、しっかりした制度が重要な支えとなりました。ローマ帝国が力を失うにつれ、教会はますます安全と方向性の保証人のように思われたのです。それに加えて、教会は大衆を動かすことのできる多数のカリスマ的人物によって率いられていました。奇跡を行う修道士、極端な苦行者、またミラノのアンブロシウスのような偉大な司教たちもいました。教会の力はことにその真実への絶対的忠誠の中で発揮されます。他の多くのカルト宗教に比べて、キリスト教は寛容ではありません。真理の独占的所有を確信しているからです。この「不寛容」がキリスト教の場合、まだ国教になっていない限りは、他人を迫害するのではなく、自分自身が迫害に断固として耐えるようにさせたのです。自己の信仰のために数多くのキリスト教徒が殉教し、宗教上の真理を愛するあまり死をも顧みない心を周囲の信仰のない世界に示したのでした。このような「死の軽視」のほかに、初期のキリスト教徒の愛の力もまた大きな印象を残しました。彼らは神の愛を説教するだけにとどまらず、それまで未知のものだった慈善行為を実行しました。施し、訪問、会話を通して、あるいは無料の、尊厳に満ちた埋葬を通して、弱者、病人、寡婦、孤児たちを助けたのでした。

39 キリスト教とイスラム教の殉教者の違いはどこにあるのですか

殉教という言葉のギリシア語は「マルテュリオン」で、証《あかし》という意味になります。キリスト教の理解では殉教者とは、脅迫や血の刑罰をものともせず自分の信仰に忠実だった人間のことです。自分の信仰が原因で無血の刑罰を受けた証聖者[*12]とは区別されています。といっても殉教者と証聖者は、単なる犠牲者だったわけではありません。ローマの支配者による迫害を無抵抗で耐えることで、積極的かつ自己の決定によって、信仰の証をしたのです。彼らの死をも顧みないこと、原則への忠節などが多くの異教徒に感銘を与えました。殉教は伝道活動の決定的要素でした。古代の教会には「一粒の種はキリスト信者の血である」ということわざがあります。多くの殉教者が崇敬の対象となっていたのです。聖人に上げられた殉教者も多数あり、彼らに敬意を表して祝祭が執り行われていました。その一方で、大仰な殉教願望を抱いて、迫害者や殺人者に自分の方から無理強いするという極端な例まであったのです。古代教会は、それを宗教で飾り立てた自殺だとみなして非とするのが常でした。

ところで、キリスト教徒の殉教は古代にしかなかったなどと思うのは間違いです。今日でもイスラム世界の多くの場所で、また中国やインドで、数多くのキリスト教信仰者が迫害に耐えています。このことはヨーロッパではめったに留意されないし、またキリスト教に深く影響されたみずからの文化が基本的に殉教者によって喚び起こされたことまでも忘れてしまっています。

二〇〇四年九月一一日のニューヨークでのテロ行為が、再び殉教者という概念を公衆の意識の中に呼び覚ましました。しかし今この言葉は自爆テロリストへの名称として使われています。自分自身を爆破し、なるべく多くの人を死の道連れに引き込もうとするイスラム教原理主義の信奉者が、殉教者と呼ばれているのです。これをもって彼らは自分たちの宗教に証を立てようとしています。もちろん一般のイスラム教徒をこういったイスラム教徒と混同すべきではありません。このようなイスラム教徒は、殺人願望をもってその宗教の倫理的根本原理に異議を唱えることになるのです。それでもイスラム世界には自殺の強大な宗教的サブカルチャーが存在することを心に留めておかなければならないでしょう。大勢の子どもや青少年たちが親や教師からそのような行為を目指して仕込まれています。そのような行為の動機は条件付きでしか解明されていません。テロリストのすべてが必ずしも貧困から、あるいは圧政から行動を起こすわけではありません。裕福な家庭の出身者も少なくないし、決してパレスチナ人たちほど虐待された民族に属するわけでもないのです。宗教上の妄想や外国人に対する異常な敵意が、若者を自爆の大量殺人へ駆り立てていると言わざるをえません。

このような殺人者を殉教者と呼ぶべきではありません。自己の信仰を穏やかに抵抗せずに押し通し、そのため暴力と不正を甘んじて受けたディートリッヒ・ボンヘッファー、マハトマ・ガンジー、マーティン・ルーサー・キングなどのような人たちへの尊称として取っておくべきです。

40 初めは迫害される側の少数派だった初期キリスト教が、なぜ後に他の少数派を迫害する教会となったのですか

本来ローマ帝国は宗教に寛容でした。おびただしい数の新旧さまざまなカルトが平和に共存していたばかりか、ときには混ざり合ったりもしていました。キリスト教が登場するまでは宗教の多様性はごく当たり前のことでした。ところがパレスチナから移入されてきたこの小さな教団が平和の撹乱者となったのです。彼らは寛容ではありませんでした。彼らは他の神々や他の真理を認めることができなかったのです。彼らは唯一普遍の真理をみずからに義務づけていました。むろん、不寛容なキリスト教も根本は穏やかでした。初期のキリスト教徒は支配者に従い、法律を守り、税金を払っていました。彼らは、たとえば奴隷制度の廃止といった、根底をくつがえすほどの社会改革を叫んだりはしませんでしたし、政治的な騒動を引き起こしたりすることもありませんでした。彼らはおのれの真理のために戦いはしましたが、説教、会話、祈り、隣人愛などといった宗教的なやり方で行っていました。

真理のために戦うとは、初期のキリスト信仰者にとって何にもまして真理のために苦しむことでした。彼らの苦難に対する覚悟は過度なまでに試されたのです。当初ローマ政府は、キリスト教徒たちをユダヤ教の一セクトの所属メンバーと判断していました。が、すぐにこの小さな集団が帝国にとって脅威になることを見抜きました。実際、一点においてキリスト教徒は革命的だったのです。

彼らは皇帝崇拝を拒んでいたのでした。皇帝の彫像を崇拝せず、国家の神々に呼ばわることもしませんでした。これは国事犯罪でした。なぜなら国家に対して宗教是認を拒む者は、その土台を攻撃することになるからです。そのためトラヤヌス皇帝（九八～一一七年）以来、キリスト教信仰は犯罪行為の一要素とみなされたのです。

それからまもなくキリスト教徒は、法的権利を持たぬ者として扱われることになりました。彼らに害を加え、勾留し、殺すことがいつでも可能になったわけです。法の保護のない彼らは密告の危険にさらされました。初め災難は個別的にふりかかっただけでした。その後、ローマに大火が発生した六四年に、皇帝ネロが企んだ最初の大がかりなキリスト教徒迫害のような、集団への迫害が始まったのです。二五〇年に皇帝デキウスが初めて全国的、かつ法的に裏打ちされた迫害を始め、それを後任のヴァレリアヌス帝が引き継ぎました。それは恐怖の一〇年でした。聖職者のほとんどが犠牲となりました。その後、古代後期の有能な皇帝ディオクレティアヌスが登場するまでは休止状態が続きましたが、この皇帝が新たな弾圧を行ったのです。彼は衰退しつつあった帝国を立て直し、中央集権化を図っていました。宗教上の非画一主義者に対する迫害は、当然の成り行きでした。西暦三〇三年に、暴徒と組んだ国家権力が教会の破壊、聖書の廃棄処分、特に聖職者の逮捕と殺害などに着手しました。

しかしこれが最後の残虐行為でした。多大な効果をあげたにもかかわらず、新興の宗教が消滅することはもはやなかったのです。皇帝ガレリウスは、個人的にはキリスト教の敵でしたが、このことを見定めて三一一年に寛容令を公布しました。それはキリスト教徒にとり、法的安定性への重要な第一歩でした。翌年コンスタンティヌス帝が権力の座に就き、三一三年には制限なき信教の自由を布告しました（ミラノ勅令）。これが決定的な転換点だったのです。キリスト教は敵に勝ちました。やがて、公認されたばかりか、三八〇年にテオドシウス大帝の下で国教にまでなったのでした。

そこで歴史は覆ったのです。「コンスタンティヌス帝の転換」が教会を変えたのです。先に迫害された教会自身が、今度は他を迫害し始めました。それ迄もみずからの神以外に、他の神々が崇拝されることを断じて認めることができませんでした。今や彼らは宗教的なやり方だけで戦うことを止めたのです。新たに獲得した国家の権力を、自分たちの目的のために狙いを定めて使用したのです。シシリー島出身の法律家フィルミクス・マテルヌス（ローマの元老院議員）のようなキリスト教徒たちは、突如皇帝コンスタンティウス二世やコンスタンス一世に向かって、異教徒を制圧するようにと、こう呼びかけています。「しかるに陛下、まことに神聖なる皇帝陛下もまた、かの（異教の）悪を懲らしめ、罰する責務を負われています。また、陛下の厳格さをもって偶像崇拝の悪事をあらんかぎりの方法で追撃することこそが、至高の神のおきてによって陛下に要求されているのです」。哲学的にも文学的にも古代遺産に深く負うところのあったアウグスティヌスのような非常に優れた教父もまた、その趣旨に沿ってこう表明しているのです。異教徒に教会に入るよう強制しなければならないと。続いて、古くからあった異教崇拝が禁止されました。オリンピック競技が中止されました。キリスト信仰者の暴徒が神殿を襲撃し、偉大な異教の芸術作品を破壊しました。本格的な異教徒迫害が始まったのです。この新しい国教は、ユダヤ教徒やまたキリスト教の路線逸脱者にまでも憎悪と暴力をもって攻撃を始めました。犠牲者がいかに早く加害者になることかと驚かされます。どうしてそんなことが起こり得るのでしょうか。最良の答えをフョードル・ドストエフスキーが小説『カラマーゾフの兄弟』の一部分、「大審問官」の物語の中に記しています。この非常に特異な話は一六世紀のセヴィリヤが舞台です。

ちょうどアウトダフェ（ラテン語、ポルトガル語、異端者に対する宗教裁判および火刑）が行われ、多数の異端者が焙き殺された。そこにイエスが現われ、群衆の中を進んで行く。彼はすぐに召し捕られ牢屋に閉じ込められた。夜になると、大審問官が彼のところにやって来て、長々と、ひどい非難を浴びせる。

「お前はイエスか？　なぜお前はわしの邪魔をしに来たのだ？　ほんとうにお前はわしらの邪魔をしに来たのだろう、それはお前自身でもわかっておるはずだ。ここで何をしようというのだ？　お前は人間に自由を与えんと欲した、だが彼らはそれをどうすればいいのか分からない。その自由は人民にとって超人的な重荷なのだ。我々はその自由を征服して、人民を幸福にしてやった。お前は世の中へ行こうとしている。しかも自由の約束とやらを持ったきりで、空手で出かけようとしている。しかし生まれつき下品で馬鹿な人民は、その約束の意味を悟ることが出来ないで、かえって恐れている。なぜというに、人間や人間社会にとって、自由ほど堪え難いものはほかにないからだ！　人間はお前の考えたよりも、遥かに弱く卑劣に創られている！　人間という者は、万人が信仰して、その前に膝まずくようなものをもとめているのだ。つまりどうしても、すべての人と一しょでなければ承知しないのだ。ゆえに我々は自由に代わるものとして三つの原則をうち立てた。奇跡と神秘と教権である。なぜなら人間は服従したがっているからだ。彼らはお前が約束した自由から解放されたがっている。それに代わって、穏やかな、つつましい幸福を欲している。彼らの生来の性質たる意気地ない動物としての幸福を」

イエスは老大審問官の話をただじっと聴いていた。老人は口を噤んでから暫くの間、答えを待ち設けていた。だがイエスは沈黙していた。言葉を返そうともしなかった。突然イエスは老人に近づいて、血の気のない、老人の唇を静かに接吻した。それが答えの全部なのだ。それからイエスはしずしずと歩み去った。

（『カラマーゾフの兄弟』ドストエフスキイ作、米川正夫訳、岩波文庫、一九五七年より抜粋、要約）

41　キリスト教徒であるためには、教会に所属しなければなりませんか

この質問には「はい」とも「いいえ」とも答えられます。「いいえ、自分自身でキリスト教信仰への道を見つけ、生活をキリスト教の道徳の規範に合わせているなら、キリスト教徒であるために特定の教会に所属する必要はありません」と。そう考えて、どこの教会員名簿にも登録してはいな

いが、しかし他の多くの教会員よりずっとキリスト教的である人はたくさんいます。だから、「教会の外に救いなし」とする古いカトリックの見解に固執することはできないのです。

他方、逆のことにも触れなければなりません。「はい、そうです。キリスト教徒であるためには信仰共同体に属さなければなりません」とも。もし信仰がいつまでも個人的な事柄に留まるなら、矛盾が生じてきます。個人的な信仰は、それが生き生きとしたものであれば、おのずから心の中を打ち明けたいという欲求を持つものです。それをさらに次へ伝えたいと。他の人たちと分かち合いたいと。共通の語らいや礼拝や社会参加を通して。

という次第で、洗礼がキリスト教徒としての信仰生活のスタートとなります。洗礼をもってキリスト教信仰の共同体に受け入れられるのです。ところでこの共同体は、ある一定の教会でなければならないとは限りません。神学的伝統においては、「目に見える」教会と「目に見えない」教会との間に非常に重要な区別が存在するのです。見えない教会とは、互いに信仰をわかちあう人たち皆が加わる真の教会、同じ志の者同士の共同体のことです。この、見えない教会は理想像ではありますが、連帯と結束が失われればたちまち現実像となってしまいます。見えない教会は制度ではありません。非常にさまざまな教会のキリスト者を互いに結びあわせる精神的なきずなのようなものです。他方、それと区別されるのが見える教会です。これは、職員、教職、教会税、教会員名簿、教会建築物、教区集会所などを持つ固定した組織です。この見える教会はキリスト教の信仰に、あるときは近く、あるときは遠くにいる人々を一つに集めます。昔キリスト教が国教だったころには、単に外部からの圧力で所属はしていたものの、信仰そのものには無関心だった多数の人たちをも抱えていました。こういった見える教会には、単にキリスト教徒であらんとして所属しなければならないということはありません。

ともあれ時代は変わりました。周知のように教会制度には諸々の欠陥はあるものの、宗教、道徳教育のおろそかになった現代において、教会はキリスト教信仰の価値観を次世代に伝える最後の担い手です。ここに、この先もカトリック教会やプロテスタント教会、自由教会などの、見える教会に所属する立派な理由があるのです。

42 なぜ牧師と司祭がいるのですか

イエスの言葉によるなら、一つの信仰共同体を作るには二、三人がいれば足りるのです。「二人または三人がわたしの名によって集まる所には、わたしもその中にいるのである」(マタイによる福音書18・20)。その中の一人が牧師か司祭でなければならないとは言いませんでした。それでも、キリスト信仰者が三人以上、あるいは一二人の使徒以上に及ぶや、すぐに職制が作られました。どの教職者がどの職務にあたるべきか、どんな権能が与えられるのか、そこに教会や教派によって違いが出てきます。

カトリック教会では司祭のいない教会は考えられません。叙階された聖職者による主宰なしにミサの祭儀は行えないからです。プロテスタント教会では事情が異なります。ルターの基本的考え方によれば、キリスト教は「万人祭司」[*13]が肝要なのです。イエス・キリストこそ唯一の真の祭司であり、その十字架上の死が聖職位階制度もろとも古代の生け贄の祭儀[*14]を永久に終わらせたとされています。このときから信者は司祭の仲介を必要とせず、一人りひとりが直接に神への道を捜し、そして見つけることができるのだとされます。すべての信者が自分のため、また仲間の信者のために祭司となって、信仰をよび起こし、展開し、祭儀を執り行うことができるのです。ここには、特別な代理権を授与された限られた人たちという意味での司祭はいません。いるのは、委託されて教会を導く牧師です。彼らは神学上の専門教育を受け、この職業に一〇〇パーセント専念できるよう俸給をそれぞれの教会から受けます。彼らを他の教会員たちと区別するものは、ただ彼らの職分であって、なんらかの高度の性質をもたせた聖職任命ではありません。ところでルター派プロテスタントには、牧師により善きキリスト教徒を見ようとするカトリックの名残りが幾らか見られます。徹底しているのがプロテスタントの自由教会で、牧師はいるにはいるのですが、ただ特殊な職業に就いた普通の信者であるとみなされています。そのため自由教会では、いわゆる平信徒の教会参加が非常に活発に行われています。

43 正典化された聖書や信条にどのような意義があるのですか

初期の教会は内と外を固めるために、職制とならんで、もう一つの手段を開発しました。歪曲を防ぐために、聖霊（神の霊）を一定のテキストにつなぎとめたのです。それがすなわち正典化された聖書と信条[*15]にほかなりません。このことが新たな困難を生み出すであろうとは容易に察せられます。聖霊を既成のテキストに押し込めば、活力を奪われてしまわないだろうか。聖書と信条を「紙製の権力者」にしてしまわないだろうか。啓蒙主義者たちがこういった疑問をもっともだとして、頑迷な文字信仰からの解放のために闘ったのでした。

ところが、特定のテキストに教会が結びつくことが、有意義に思えるような観点もあります。この観点は世界史を見渡すときはっきりしてきます。東欧史の専門家ゴットーフリード・シュラムがその著書『世界史五つの分岐点』（二〇〇四年）で丁度行ったように、画期的な精神の曙ともいうべき五件をここに比較してみましょう。モーセによる一神教の基礎固め、イエスによるキリスト教の始まり、ルターによる宗教改革、アメリカ独立革命における近代民主主義の導入、ボリシェヴィキ革命。最初の四件は、すぐに拘束力をもつ文書が作成されました。トーラー、新約聖書、アウグスブルグ信仰告白、アメリカ合衆国憲法です。それぞれ外部との区切り、内部の強化に役立ったのですが、それだけではありません。当初のカリスマ的モーメントを柵で囲んで流出をせき止め、防護するという役目があったのです。

これは不可欠なことでした。なぜなら、これら五つの動向はどれも社会学的に見れば、カリスマ的な支配形態だったからです。偉大な社会学者マックス・ヴェーバーは支配の型を次の三種類に類別しています。従来からの神聖なものへの信頼を基とする伝統的支配。合理的に設けられた体制秩序の適法性への信頼に基づく合法的支配。個人指導者の非凡な才気への信頼を基とするカリスマ的支配。このカリスマ的支配が歴史の中では重要な、革命上の原動力となります。それは革命、改革、決起、革新の強い味方なのです。と同時に、それはもっとも厳しく険しい支配の形でもあります。指導者への絶対的服従、預言者、救世主、武将、群衆催眠術師たちへの無条件の献身を要求するからです。カリスマの支配に限度はありません。権力者も伝統に服さねばならない伝統的支配とは違います。権力者も法律に服さねばならない合法的支配とは違うのです。

カリスマ的支配は全体主義の傾向を持っています。前世紀の全体主義的な動向は、その個人崇拝からも察しがつくように、カリスマ的な支配形式でした。制限なき支配を望んだため、特定の文書に拘束されることすらも意識的に避けていたのです。ボリシェヴィキは憲法をいくつも書くには書きましたが、どれも重きをなしませんでした。こうして彼らは完全に自由になり、信じがたい国内政治の変転や危険な外交上の転換を敢行できたのでした。ヒトラー・スターリン協定[*16]のことを考えてみればわかることです。

教会がその「霊を枠で囲い込んだ」のは良い考えだったのです。それが教会の指導者層を拘束し、制約したのは言わずもがなのことです。正典化されたテキストは、教会の中の権力者が勝手に改ざんすることのできない枠であるばかりか、紛争の際にはそれを参照できるような信頼性を教会員に保証する枠でもあるのです。とはいっても、キリスト教の霊（あるいは精神）が自由に展開できるよう、この古いテキストを各自の現在の場で解釈することが可能でなければなりませんが。

44 最大の異端者は誰ですか

キリスト教の教義は一直線に発展したわけではありません。それは、多くの戦いと紛争の成果です。しばしば、誤った進展、間違い、逸脱の反動として、教義の規定がなされてきたのです。福音に関する元の理解が変わってしまいそうな、路線から逸れた教義や異端は最初から出現していました。古代の教父たちは激怒してこれらの異端者と戦い、彼らを悪魔のやからと呪《のの》りました。けれど、彼らに感謝することもまたできたのです。こうした異端者がいなければ、教父たち自身はそれまでキリスト教の真理をはっきりと定義する必要があるとは考えていなかったのですから。そのようなわけで、異端者たちは悪魔的な混乱や邪宗への誘惑もさることながら、一方で生産的な刺激ももたらしてキリスト教教義の発展に決定的に貢献したのでした。

キリスト教史でもっとも有名な異端者はマルキオンです。本当は彼を異端者と呼ぶことはできません。そのような概念は彼の生きていた時代よりずっと後になって出てきたものです。同じ異端にカタリ派という中世のセクトがあります。この集団は世俗化した裕福な教会の対型として出現し、貧しく簡素な原始キリスト教を再興することを欲しました。が、それは不適切な要求でした。カタリ派はキリスト教的だとは到底言いがたいような陰鬱な、世間に敵対的な救済論を宣言していたからです。それに対して、マルキオンはキリスト教徒でした。といっても、偉大な異端者になってしまったほどの徹底したキリスト教を主張していました。

マルキオンはおよそ八五年から一六〇年ごろまで生きていた人です。今ではもう多くのことは分かりません。敵対していた正統信仰派が、彼に関する真正の資料が残らぬよう始末してしまったからです。だから教父たちの証言に頼らざるをえないのです。そしてそれは当然ながら公平とは言いがたいものです。マルキオンは黒海沿岸のシノペの出身です。もとは裕福な船主で船商人でした。いつの頃からかローマに現れ、土地の教会で教えを伝え始めました。彼は首尾一貫して使徒パウロのキリスト教教義を表明していました。旧約聖書の律法は打ち捨てられた、イエスの福音のみが認められるべき有効な啓示であると。ところがマルキオンはパウロを超えてしまいます。旧約聖書の神はそもそも新約聖書の神とはまったく違うものだと明言したのです。古くからの神、この世界の創造主、ユダヤ人の律法の神は劣った神であると。災いと悪事に満ちた世界を造ったと。イエスが初めて告げた新しい、これまで知らなかった神だけが信じる者たちの霊魂を救う善の神であると主張したのです。マルキオンによれば、旧約の天地創造の神と新約の救済の神は互いに敵同士のごとく対立しています。イエスの真の信奉者は天地創造の神とはなんの関わりも持つべきではない、そして厳しい禁欲をみずからに課すべきだ、あらゆる官能の喜びを断念すべきだと宣告したのです。マルキオンの門弟たちは決然として厳格な断食と性的禁欲のうちに修行しました。劣った神の創造物である水を忌み嫌って、身体を自分の唾液だけで洗った者の話まで伝わっています。一四四年にマルキオンは教会を破門され、独自の教会を設立します。創設した教会はまもなく帝国内の各地に広がっていきました。東方ではイスラムの時代になるまで存続していました。

未熟だったキリスト教にとってマルキオンはひどく危険でありながら、しかもこの上なく有益な人物でありました。それは次の二つの着想に依ります。一つは、彼が聖書から厳密に選択した諸文書を編纂して、正典を定めたことです。この「反」聖書が未熟なキリスト教にも独自の正典を確立させることとなったのです。二つ目は、マルキオンが説教だけで事足れりとせず、強力な教会組織を創設したことです。これがキリスト教の側にも独自の教会設立を促しました。が、何よりもまず、マルキオンの世間に敵対的な神学が新興のキリスト教を大いに刺激しました。そして、旧約の遺産としての世界創世信仰とキリスト教との関係を、さらにまた、その結果としてのこの世界を肯定的に定義づけるに至ったのでした。古代の禁欲主義への風潮は、キリスト教の中に多くの支持者を抱えていたのです。このことは少し後に出現した修道院制度のことを考えてみるだけでも分かります。ともあれ、マルキオンの邪説がきっかけとなって、旧約聖書や世界創造信仰や、この世界で生きる自己の生に対する感謝などといった事柄が、本質的にキリスト教信仰に属するものであることを明らかにさせることとなったのです。

45 ファウストは自分の神学研究について語るとき、なぜあれほど嘆息したのでしょうか

どの宗教も神学を、いわば神に関する学問を所有しているわけではありません。もちろんどの宗教にも神話上の知識や礼拝儀式のエキスパート、その道の権威がいます。先史時代の宗教にはシャーマンが、多神教には神官が、律法宗教には律法学者がいます。古い神話を語り伝え、神の告知を受けて解説し、祭式行事を専門的に正しく運行させ、神の掟の実践を確認する専門家をどの宗教も必要とします。けれども、すべての宗教がおのれの信仰を学問的に考察する、アカデミックな教育を受けた専門家を必要とするわけではありません。

ところがキリスト教は、そのようなプロフェッショナルな思弁の方式なしには考えられない宗教です。キリスト教は当初から独自の真理を周囲の人々の真理意識に仲介する必要性を悟っていました。といっても宗教儀式の領域にこもりがちな特殊な真理を述べるのではなく、ある一つの文化の生活全般に浸透しようと試みるのです。その場合も、ある選び出された集団の人たちに限定することなく、すべての国、すべての民族のありとあらゆる人たちに呼びかけようとします。だから、さまざまな時代や文化の世界観と取り組まなければなりません。そのためにキリスト教は特別な知的能力と学術的に訓練された言語および思考能力とを必要とするのです。

そのようなわけで、早くも初期キリスト教が神学者を生み出しています。護教家と呼ばれる人た

ちです。この初期の、ごく素朴な神学者たちは、異教の哲人の攻撃に対抗して自分たちの信仰の真理を弁護することに使命を見いだしていました。ところがキリスト教を弁護する中で、まもなくもう一つ他の思想的形態をあみ出したのです。キリスト教は彼らの手中で哲学になったのです。彼らは自分たちの信仰の核心を納得させるため、古代の思考パターンを引き継ぎました。つまり、外部の敵の攻撃から信仰を守るだけでは満足せず、信仰に知性的な特色を与えたわけです。こうして、さまざまな神話や祭礼知識を、一貫した思考形態に鋳直しました。古い物語を哲学の浸透した概念へと転換させました。異なった啓示を一つの論証工程に順応させました。

二世紀の護教家から始まったキリスト教神学は多様な学問へと発展していきました。ローマ帝国が没落に向かっていた頃に、そうした古代神学の主要な要素を維持したオリゲネス[*17]やアウグスティヌス[*18]のような古典期の画期的な天才が出現しています。こうした神学上の遺産は中世に手を加えられて、さらに発展しました。初期の大学にはすでに確固とした施設があり、発展しつつあった教会にはその強力な後援者もいました。また、トーマス・アクィナス[*19]は、神学の集大成『神学大全』(『世界の名著 続5』中央公論社、一九七五年)において、キリスト教が強大な超現世的宗教であり、それと同時に格別の、高度の合理性を所有していることを明らかにしています。

一方、神学は絶えずリスクも見せてきました。キリスト教の信仰をギリシアやローマの文化とともに伝えることによって、神学は信仰を変化させてしまいました。翻訳の際に、福音書に未知な概念や範疇を受け入れてしまったのです。その限りにおいて、古代教会の歴史はまたキリスト教のへレニズム化の歴史でもあります。新しい信仰と結びついたヘレニズムの思想が権利を主張し始めたのです。イエスやパウロには重要でなかったような、形而上学的な、また思弁的な論題や思念が出現しました。古典期の新プラトン主義や中世の新アリストテレス主義といった他国の哲学の影響の結果として、キリスト論や三位一体論などの複雑な教義が新たに発生し、福音書の簡潔な印象を伝えることがあまり出来なくなってしまいました。ここに、現代においてもなお危険性のある基本的問題が浮かび上がってくるのです。キリスト教の信仰を哲学的な思考方式で理解させようとする者は、心ならずもその本質を変えてしまうことがありうるのです。

ところで神学は、そのような本質の変化を訂正する策も用意しています。神学とは、常にまた他の神学への批判でもあります。批判は、従来の信仰理解と伝統的な教義が粉砕されてしまうほど激しいこともありました。もっとも有名な例が宗教改革です。これは、初めから免罪符販売といった中世的教会の弊害に対する単純なプロテストを超えた、もっと本質的なものでした。宗教改革は神学的な運動だったのです。その根底の動機となったものは、それまでとは異なる新たな神学的認識でした。これがマルティン・ルターをして徹底的な聖書研究に没頭させ、大学の教科書やパウロ、アウグスティヌスの古典作品などを批判的に読解させることとなったのです。そしてルターはその学問的認識をまず大学において、通常の講義や討論の中で練り上げ、確認していきました。この学問的研究から劇的なプロテストが生じえたことが神学の爆発力を示しているのです。

このような批判的エネルギーが、ずっと後にルター派プロテスタントの神学をもまた粉砕してしまうことになります。一七世紀後半から一八世紀にかけてのドイツの啓蒙運動は、外部からの攻撃によるものでも、反教会的な、不信心な自由思想家の非難によるものでもありません。プロテスタントの神学者たち自身が押し進めた批判的企図でした。彼らは自身の信仰を解明することにこそ、みずからの役目があると考えていました。聖書のテキスト、教義の歴史などを批判的に研究し、従来の教義解釈の多くはこれ以上持ちこたえられないという結論に至ったのです。また、多数の聖書物語の伝説的性格に気づき、昔から伝えられてきた教義の解釈は神の直接的な真理を表してはおらず、とうに過ぎ去った時代精神の産物であると断言したのです。

神学は、それ以来、特にプロテスタントにおいて、教会指導者層のしもべではなく、批判的対立者となりました。教会の自負心に突き刺さる棘です。けれど、こうした紛争の火種が神学を個人的信仰の思案の外に押し出し、歴史の著述、哲学、社会学、心理学、あるいは自然科学などの分野で、近代の学問的認識に呼応するよう挑発したのです。このような批判的神学がなければキリスト教は前近代的迷信へと退化していったことでしょう。

キリスト教は今や学術的に訓練された考察なしには考えられなくなっています。しかし、神学が信仰から離反することもありうるのです。信仰とは何にもまして内的体験であり、フリードリヒ・シュライエルマッハーが言ったように、「無限者に対する直感と感情」であるからです。この直感とか感情は、言葉や概念、範疇などでは直接、かつ十分には表現できないのです。あらゆる論理を、論拠を、証拠を飛び越えてしまいます。完璧な神学化は、その内的生命としての信仰を奪い去ってしまいます。神学の歴史には、頑迷な自説の主張や学者同士のいさかいなどの嘆かわしい付随現象も含めて、キリスト教のすさまじい知性偏重主義の例がたくさんあるのです。

ゲーテはその有名な劇作の冒頭でファウストにこう嘆息させています。

ああ、これでおれは哲学も、法学、医学も
また要らんことに神学までも、
容易ならぬ苦労をしてどん底まで研究してみた。
それなのにこの通りだ、可哀想におれという阿呆が。
昔よりちっとも利口になっていないじゃないか。

（『ファウスト』ゲーテ作、相良守峯訳、岩波文庫、一九九一年）

ファウストは古典的学問を教え、研究したことに挫折感を味わっています。特に失望したのはあらゆる学問の最高峰であるとさえ自負する神学でした。得たものといったら、死んだような決まり文句と思弁的饒舌だけです。それは真理と人生の意味を探し求めるファウストを一歩も先へ進ませてくれなかったので、彼は魔術に手をつけました。有名な悪魔のくだりはその結果なのです。

対象に対する畏敬の念を失い、信仰をただ明白な概念や教義やシステムに完璧に分類しようとする神学がいかに的外れであるか、このことをポーランドの詩人チェスラフ・ミローシュが次のように分かりやすく述べています。

わたしたちの人生や心のもっとも深いところに触れるもの、すなわち人間の儚さ、病気、死、信念や思念の貧しさなどはどれも神学の言葉では表現できない。神学は何世紀も前からあらゆる命題を、まるでくるくると転がり摑むことのできないつるつるの球を仕上げるみたいにしか扱ってこなかったからだ。それに反して二〇世紀の叙情詩こそが、そうした本質的なものと取り組むところに位置し、ほかならぬ人間存在の極限の事象に関するデータを蒐集しているのである。そして、神学者もあるいは使えそうな、独自の言葉を形成しているのだが……。

（高島訳）

46

どうすれば原理主義者にならずに、自分の信仰に忠実になれるのですか

ファンダメンタリズムという言葉の概念は、甚だつかみどころがありません。本来それは、アメリカ合衆国のプロテスタントの、非常に厳格に信仰を守る原理主義運動を指しています。キリスト教信仰を現代社会との建設的な関係へ導こうとするリベラルな神学と違って、彼らアメリカ合衆国の原理主義者たち[*20]は、キリスト教の「基盤」、すなわち聖書や信条のような根本の経典を専らなものとして固守しています。現代的な考え方や現在の生活形態に対する知的な、あるいは文化的な迎

合はすべて断固として拒否します。こうして彼らは、たとえばダーウィンの進化論と戦い、聖書に記述された七日間の天地創造物語だけを世界起源の唯一真なる説明として、公立の学校で教えるよう奔走しているのです。また、性的自由、性教育、堕胎、同性愛に反対し、学校における祈禱の義務化のために奮闘しています。

ファンダメンタリズムを、そういった前近代的な、厳格な信心の多種多様な種類の総称であると、大雑把に解釈することもできます。けれども、それでこの言葉の本来の性格を把握したわけではありません。たとえ原理主義が反近代的に見えても、本当は現代的な一現象であるからです。現代的な方法と政治的手段で前近代的宗教の立場を押し通そうとする試みなのです。否応なしに自身も属する現代に対するプロテストなのです。現代に対するこのような戦いはいつしか世界的な現象になっています。原理主義者はアメリカのキリスト教徒だけに限らず、インドのヒンズー教徒や特にイスラム世界にもいます。これこそ、原理主義が常に宗教的な核を持ってはいるものの、単なる信仰問題とはかけ離れ、なによりもまず政治的な行動計画となっていることの表れです。イスラム原理主義は、ヨーロッパとアメリカ合衆国の近代性との、そして他国家の軍事的、経済的、文化的優勢との戦いです。この前近代的闘争を通して、イスラム教はアラブ世界でほぼ三〇年前に失ったと思われていた意義をあらためて獲得しました。けれどもこの反動は決して伝統的な宗教の復旧ではないのです。それどころかイスラム原理主義は古いイスラム教を変えてしまいました。イスラム教を政治的武器にしてしまい、それによってその精神的な富と文化的な幅を奪ってしまったのです。

世界的に燃え上がる原理主義運動によって、キリスト教会は自己と原則との関係を明らかにする必要に迫られています。こうした「硬く」、反近代化的な宗教運動と比べて、ことのほか「柔らかく」見える啓蒙されたドイツ・プロテスタント教会の場合に特にあてはまることです。そのことによって教会は政治的にかなり優遇されはしたものの、宗教としては衰弱してしまったからです。ところでプロテスタント教会それ自体は、キリスト教の基盤である聖書の復興によって生まれたファンダメンタルな現象です。聖書信仰は何世紀にも渡ってプロテスタントのトレードマークだったのです。そうであれば、聖書的基盤との原理主義的ではない関係とはいかにあるべきかと、今日のプロテスタント教会に問いたいのです。

宗教改革史に目を向ければ、一つの答えが見えてきます。聖書は、当然ながらルター以前にも存在を知られていなかったわけではありません。それは「神聖な書」ではありましたが、ルターがいみじくも言ったように「教会の腰掛けの下に」しまっておくという意味での神聖さでした。教会支配層は聖書を無防備のまま民衆の手に渡すつもりがなかったのです。教会側の解釈独占権を守るべきだというわけです。それでも、ルター以前にすでに聖書を取り出してきて翻訳し、一般の使用を認めようという試みはありました。そうした聖書が一八版まであったことが知られています。それは聖職者にとっては何やら不気味なことでした。とはいえ聖書を平信徒から遠ざけておこうという試みはあまり効果があがりませんでした。こうして自由な聖書講読とともに信徒の信仰心が育ち、自信を持って司祭の仲介サービスから自由になったのです。これが宗教改革の重要な前提条件となりました。

つまりドイツ語聖書への広範な動きはすでにあったわけです。ゆえに、ルターの功績は聖書を教会の腰掛けの下から取り出してきた最初の人ということにあるのではありません。それはもう机の上にあったのです。決定的なこと、それは彼がどのようにそれを読み、解釈したかということです。ルターは、自分の精神生活の救いとして経験した、義認による救済の福音[*21]に全力を集中させたという点で先人たちと区別されるのです。ルターは聖書をこの一点に向かって読み、ひいては自分自身に向かって読みました。こうした福音優先はルターが書いた諸テキストに使った言葉にはっきり表れています。ルターは聖書をただ単に読んだのではなく、聖書の扉をノックし、叩いて、聖書に「突進」したのです。ここに彼の無条件な傾倒が明らかとなり、ひいては全く途方もない聖書批判へと進むことにもなるのです。ルターにとって聖書は、「キリスト教を推進」し、信仰を呼び覚ます限りにおいて神聖なのであって、聖書それ自体は神聖なものではありませんでした。たとえばヤコブの手紙や旧約聖書の多くの部分のように、義認の福音が適合しない聖書の諸本については、同道の士たちの驚愕ももののともせず、妥協のない批判を行いました。キリスト教の基盤である聖書を彼ほど個人的に、極端に急進的に、偏向的に、また批判的に自分のものとした人間はあまりいません。

ルターにとって大事なことは聖書の福音を主観的に自分のものにすることでした。といっても、聖書を偶然の、個人的な欲求に合わせカットして整えたということではありません。主観的に自分のものにした聖書は、ルターにとって究極の書でした。それは、自分がその上に立つ基盤であったばかりでなく、その中に生き、また決して完全には立ち去ることのできなかった「境界」でもありました。それは深さも量も測ることなく水を汲む泉でした。ルターの人生最後の言葉がこのことを裏付けています。死の床で有名な最後のメモを次のように書き残しています。

預言者とともに一世紀もの間教会を導くことがなかったなら、だれも聖書を十分に味わったと思ってはならない。……… 我々は乞食である。それはまことである。

（『改革者マルティン・ルター』岸千年著、聖文舎、一九七八年）

もし啓蒙されたキリスト者が、原理主義へ道を逸れることなく自分の信仰に忠実であろうとするなら、聖書の核心となるメッセージを個人的に自分のものとしなければなりません。「個人的に自分のものとする」とは、根本となるものを自分の偶然の好みや束の間の時代風潮に任せることではなく、宗教上の根本そのものに実存的に没入することを意味します。そのようにして自分のものとするなら、どんな教会法上の支えももう必要としないし、あらゆる政治的機能化からも免れます。このような聖書信仰こそまさに原理主義的な聖書解釈や、またクルアーン解釈の逆を示すのです。そのとき聖書は、「紙製の教皇」でも預言者でもなく、また教会の拷問道具や政治的武器でもなく、自分の人生の礎となり、究極の書となります。

47 教会とセクトの違いは何ですか

キリスト教について話すとき、たいていの人は無意識のうちに教会を念頭においています。しかし、それは誤りです。キリスト教の信仰者が結び合う信仰共同体や教会組織にしても、多様な形態があるのです。社会学者マックス・ヴェーバー[*22]はそれを二つの型に分類しています。教会とセクトです。その際、ヴェーバーはセクトという概念をまったく没価値的に用いています。自由教会と言ってもよいでしょう。

教会は、救済の宝をその石塀の内側に保管し、教会員である信者に分け与える癒しの場です。教会は、儀式の祭司という特別に限定された身分と大きな権力を授けられたヒエラルキーとを有します。さまざまな文化、国々をそれぞれ教会において一つにまとめる状況にあります。ただ、教会員の中には自覚をもって信仰生活に励む人ばかりとは限らず、単に習慣や社会的義務感から所属している人も多いのです。また、教会は国家への接近を求めます。国家権力を自己の利益のために組み入れることを躊躇しないし、政治にもかなり妥協する心構えをみせるのです。

それに対して、セクトは厳格な、自覚を持ったキリスト信者の自由な団体です。個人的な決心を強く促すので、滅多に大勢の人を誘い込むことができません。司祭も司教も教皇もいません。セクトは小規模なので、それだけ徹底しています。過激だと言えるかもしれません。世間とは一線を画し、限られた特殊環境に引きこもるきらいがあります。国家とは距離をおき、また妥協することもありません。セクトの多くは平和主義を厳守して、兵役を絶対的に拒否します。国家がその自由を認めるなら、彼らはたいていの場合政治的に活動することはありません。けれど圧迫されれば、勇敢に抵抗します。セクトは長期間にわたる苦しい過去の迫害を想い起こし、宗教と団体の自由を要求します。ところが内部では寛容どころか、相当な集団強制を行っているのです。

マックス・ヴェーバーの友人であり、神学者、哲学者、宗教社会学者であるエルンスト・トレルチは、キリスト教共同体の三つ目の型を模索し、教会とセクトの類別の拡大を試みました。彼はほかにいいアイデアがなかったので、それを「神秘主義」と名づけました。これをもって、キリスト教が長い歴史を通して浸透し、そして特に近代に大きな意味を得た事実を顧慮したかったのです。この神秘主義は、精神の似通った人たちの自由な結合です。継続的なメンバーでもなく、外部との厳しい境界もない、ごく流動的なグループである点で、セクトとは区別されます。彼らにとって重要なことは信仰の内面化です。神秘主義は友人間に、同志間に、そして開放的な場に活きるものです。ここに昨今のスピリチュアル運動との類似性が見られるのです。神秘主義者は宗教的な内面性を磨くことに集中します。通常、政治的な関心はありませんが、文化的にはしばしば大きな影響を及ぼします。もしある音楽家が宗教的な音楽性を持つなら、たいていは神秘主義者と解されます。

教会は欠くことのできない安定因子です。教会がなければ、キリスト教はとうの昔に分解してしまったことでしょう。といっても、近代キリスト教精神にとっての重要な刺激は、セクトと神秘主義からもたらされました。この両者によって、自由、寛容、個人的敬虔などといった考え方がキリスト教に活かされるに至ったのです。そこでトレルチは、これら三類型の共同体の長所を一つにまとめた教会の腹案を作りました。それこそが規模の大きな、安定した、さらに自由で近代的な信仰生活への余地を残す、「柔軟につくられた国民教会[*23]」なのです。

48 なぜ原始キリスト教団からこれほど多様な教会が分派したのですか

キリスト教は最初からたった一つだったわけではなく、いくつもありました。イエス像はたった一つの福音書だけに記録され得るものではなく、相互にはっきり異なる四福音書を必要としました。キリスト教成立時の三人の偉大な人物イエス、ペトロ、パウロの間にも、著しい隔たりが見られました。また信仰共同体の統一された形態というものはなく、教会主義的、あるいはセクト的、また神秘主義的な教団が並行して、もしくは互いに競い合って生じていたのです。あげくに、キリスト教はさまざまな層や文化と結びつきました。ユダヤの、ギリシアの、ローマの、またゲルマンやオリエントの世界に合わせて、キリスト教の信仰に生きる流儀や礼拝の方法も変わっていきました。このような神学的、宗教社会学的、社会文化的理由によって、初代の弟子たちからさまざまな教会や共同体が発生したのです。

この脈絡から、「分裂」について語るのは的外れです。そのためには、最初は何か単一性といったものが存在したということが前提条件になるからです。しかしそれは非歴史的な虚構なのです。キリスト教のような広範囲に及ぶ影響力をもった複雑な宗教が、たった一つの型に尽きてしまわないのは、単に歴史上も自明なことです。それにまた、教会の分裂という言いぐさは問題のある価値判断をはらんでいます。画一性や制度化した団結それ自体に価値があり、多様性や相違は悪しきものであることを前提としているからです。教会や共同体の多様性をキリスト教の内部の資産、とてつもなく豊富な可能性の象徴として評価することこそ、より有意義なことなのです。

49 なぜ教会再一致は努力すべき目標ではないのですか

キリスト教のヨーロッパは何世紀以上にもわたる苛酷な宗教戦争の足跡を残しています。特にドイツはカトリックとプロテスタントの敵対下でひどく苦しまねばなりませんでした。一六一八年から一六四八年の間にこの二教派が猛威を振るった三〇年戦争は、第二次世界大戦に勝るとも劣らぬ大惨事だったのです。この苦難の歴史から、一八世紀にキリスト教の両教派間で和解を願う気持ちが生じてきました。教会が平和を維持する時だけ、政治的平和が成りたっていたからです。まっ先に、理性的な啓蒙主義者と信心深い敬虔主義者たちが[*24]、カトリックとプロテスタントの古い溝を乗り越えて、より高い道徳性と自由な信仰を促すキリスト教を立案しました。しかし教会指導者の大多数は、唯一の真のキリスト教を自分たち独りで代表しようとして、譲りませんでした。

二〇世紀の初頭になってようやく、エキュメニカル運動（世界教会合同運動、諸教会一致運動）が起こってくるのです。「エキュメニカル」という言葉は、ギリシア語のオイクメーネー（人類の住む世界の意）に由来します。エキュメニカル運動とは、世界中のすべての教会のキリスト者が、より良き理解と緊密な協力を目指して努力する合同運動です。エキュメニカル運動は第二次世界大戦後に初めて出現しました。戦争と全体主義的独裁者たちのトラウマに刻まれた多くの教会員や指導者たちが共にキリスト教の再出発を探ったのです。加えて、戦争や居住地追放[*25]が、以前は閉鎖的だったカトリックやプロテスタントの住宅地区や環境をこじ開け、いろいろな教派の信者が互いに混ざり合うこととなりました。新しい隣人や多数の国際結婚により、エキュメニカルは日常の茶飯事となりました。

エキュメニカル運動は成功物語です。それはキリスト教内部の平和を促進させました。諸教派共同の政治的、社会的参加を可能にしました。諸教派の自足や自己満足をはぎ取り、以前のライバルの美しさ、偉大さを見る眼を開かせました。

ところで、この成功がまたエキュメニカル運動の目下の危機でもあるのです。これほど多くを達成した今、さらに続く目標を見つけるのは簡単なことではありません。またカトリック教会にとっての目標は、単に組織上の合同ということなのかもしれません。彼らにとってのエキュメニカルの意義は、そのむかし彼らから「分裂した」教派をすべて取り戻すことにあるのかもしれません。しかしそのような教会再一致は、エキュメニカル協議会や合意声明によってもなお取り除けない本質的な隔たりがキリスト教諸教派間にあることを誤認しています。再一致は現実的でもなければ望ましい目標でもないのです。だから、エキュメニカル運動が再一致という概念から離れるなら、それがベストです。より有意義な目標とは、すべての教派や教会が相互に違いがあっても、なおキリスト教の完全に有効な姿として認められることでしょう。啓蒙されたプロテスタントは今日ではそれが可能な状況にあります。そのために五〇〇年の歳月を要しました。カトリック教会や、また特に東方正教会はそれにはまだほど遠いのが実情です。

† カトリックとプロテスタントについて

50 西方と東方の教会の違いは何ですか

キリスト教内部で、まず第一の、そしてもっとも重要な相違といえば、西欧と東方の教会間のそれでしょう。両者はローマ帝国という共通の起源で結ばれています。とはいっても、ローマ帝国自体が決して一体ではありませんでした。東欧のヘレニズム文化とラテン西欧との間にはおびただしい相違があったのです。東ローマと西ローマの教会間には、早期からすでに信仰、礼拝、神学、祝祭日の暦などの点で著しい違いを見せていました。東ローマのほうが、ギリシア文明のゆき届かぬ西ローマより文化的にはるかに優っていました。また東ローマは政治的な独立性をより長く維持することができました。西ローマはすでに五世紀にゲルマン民族大移動の犠牲になっています。それに反して東ローマは、トルコ人がコンスタンティノープルを征服する一四五三年まで、少なくなった領土ではありますが、持ちこたえていました。

ところが教会の力関係は時の経過の中で逆転してしまいます。東方教会は結束が足りなかったのです。ローマ司教にとって、西側で教会の権力を押し通すのはそれほど難しくなかったのですが、コンスタンティノープルやアレクサンドリア、またアンティオキアの総主教たちは主導権をめぐって常々争っていました。したがって東方教会は、たとえばキリスト論や画像崇拝などに関する内部の神学論争には、はなはだ強かったのです。結局、東方教会はイスラム教の拡大の犠牲になりました。また文化的にもますます不利な状況に陥っていきました。何百年にもわたって古典期の遺産を保存してきたのですが、近代的な思想の動きに結びつくきっかけを逃し、とどのつまり、自己の素晴らしい過去に捕われてしまったのです。

一〇五四年、ローマとコンスタンティノープルの間は決定的な決裂に至ります。このときの教会分裂は、第四回目の十字軍遠征（一二〇二〜〇四年）の際に、西欧の騎士たちがエルサレムの代わりにコンスタンティノープルを侵略し、略奪して荒廃させたとき、血で押印されたのです。

東西の教会間には神学上、宗教上の隔たりがかなりあります。しかし、それよりもっと重要なこと、それはそれぞれの国家への異なった立ち位置です。西の国家権力が滅亡したとき、教会はローマ教皇の指導の下に生き延び、「国家の中の国家」として定着しました。それ以来、西欧教会史は聖職と世俗の権力間の持続的な軋轢に刻印されていきます。その反対に、古き帝国の残り火が長く持ちこたえていた東欧では、教会は国家権力の下に従属せざるをえませんでした。教会は国家権力に対して決定的な距離を築けるほどの位置をほとんど獲得できなかったのです。ギリシアやバルカン、ロシアのキリスト教正教会は現在にいたるまで、国家の、また民族の宗教と解されています。このことは特に現在のロシアに顕著です。共産党独裁制、およびその指示による正教会への残忍な抑圧がともに終わった後、ロシア正教会は国家宗教としての昔の地位を再構築しようと試みました。そこでロシア領土を、ロシア正教会だけの「教会法上の地域」とすることを要求したのです。そのため、彼らはロシアに足場を固めようとする他の教派、特にカトリック教会や北米の宣教団体に対して、怒りに燃え、ときには荒っぽいやり方で戦うのです。自由な宗教市場で、教会活動の質だけで主張しなければならないという考え方は、彼らにはまだ未知のことのようです。

51 なぜローマ教皇は教会だけでなく、国の頭でもあるのですか

ローマ教皇の重要な称号をここに列記するなら、ローマ司教、イエス・キリストの代理人、使徒の頭（ペトロ）の後継者、全カトリック教会の最高司祭、西欧総大司教、イタリア首座司教、ローマ管区の大司教ならびに主都大司教、そして最後がヴァチカン市国元首です。教皇は教会の頭ですが、それだけではないのです。宗教的および世俗的な統治者でもあるのです。この二重性こそ、教皇制度が原始キリスト教や福音書を引き継いだものではなくて、古代末期のローマ帝国とカトリック教会の二要素の融合であることを示しています。教皇制度は、カトリック教会を土台とした古代ローマ帝国の産物なのです。初期のキリスト教会にはまだ司教秩序が存在していました。つまり司教たちが共同でキリスト教会を代表し、論議の争点なども合意で解決しようと図っていたのです。その場合教皇は、帝都ローマの意義や伝統のおかげで重い役割を演じたものの、他と並ぶ一人の司教にすぎませんでした。コンスタンティヌス帝の時代、すなわち四世紀には、まだローマ司教の首位権、つまり他の司教たちに対する教皇の優位性を知る者はいなかったのです。

ところが古代末期になると、教皇の意義と権威が増大してくるのです。ローマの教会こそが正統

信仰の保護者であることがたびたび明らかになっていました。それに加えて教会は、特に国教になって以来、ローマ皇帝に対向する相手役を必要としていました。皇帝が居城をビザンティウム[*26]に移すと、西ローマの教会統治者である教皇が西欧側のもっとも重要な宗教的、政治的人物となったのです。この傾向は西ローマ帝国の滅亡によってさらに高まります。国家組織が壊滅したとき、人々は、ローマの偉大性と古代文化の最後の代表者として、ローマの教会とその指導者を仰ぎ見たのです。

ローマ教皇の職務は宗教上と政治上との区別をほとんどつけられませんでした。中世初頭に、独自の国家の設立を通して、政治的比重が一層高まっていきます。教会とローマの聖地を保護するためもあって、フランク王ピピン三世が七五六年にランゴバルド族からローマの重要な地を奪い取って教皇に献上しました。[*27]ここに教皇領が誕生したのです。この領地は非常に変化に富んだ歴史を経験することになります。拡大され、縮小され、何度も侵略され、教皇から剥奪され、最後には戻ったのです。

今日のその面積と法形式を、ヴァチカン市国は、ファシズム下のイタリアの独裁者ムッソリーニとの間に一九二九年に結んだラテラノ条約によって得ました。テベレ川の右岸に約四四ヘクタールの面積を持ち、主に美術館と庭園を有するヴァチカン宮殿と聖ピエトロ寺院から成りたっています。かつての意義を顧みれば、今の教皇領はまるでお伽の国のようです。自国の切手と硬貨を発行し、スイス人衛兵を擁した独自の兵力を維持し、放送局を所有する最小国家です。ローマ帝国の、胸を打つほど魅惑的な残滓です。

近代になると、ヴァチカンの政治的無力化が進みます。が、一方で教皇の宗教的権限は拡大しました。教皇首位権は近代においてますます強調され、意志が押し通されました。こうした発展はさしあたり第一ヴァチカン公会議（一八六九～七〇年）において最高潮に達します。教皇の不可謬性《ふかびゅうせい》の教条がここで制定されたのです。それによって、教皇座から取り消しのきかない、絶対的に正しい教理神学や倫理学を宣言する権能が教皇に与えられたのです。けれど、これまでほとんどの教皇たちは非常に賢明であり、そのような教皇座からの表明にはごく控えめでした。ひとりピオ一二世だけが、聖母マリアは肉体をもって昇天したという古代後期の伝説を絶対信仰真理であると宣言して、一九五〇年に新しい教条を打ち立てています。

さらに教皇庁は、先代の教皇ヨハネ・パウロ二世によって、ごく現代的な価値の切り上げを経験したのです。この教皇の個人的なカリスマ性と名人芸とも言える卓越したテレビ出演をもって、大集会や演劇的な荘厳ミサなどを通して、現代のマスメディア社会に、対抗宗教改革[*28]の方法を示唆することに成功したのです。無数の大がかりなイベントや全世界に訴えかける説教を通して、また晩年は公衆の前に露わにした苦痛と死を通して、教皇は偉大な、テレビの「人間をとる漁師」（ルカによる福音書５・10）となり、またある種のキリスト教的道徳観念の世界的な代表者となりました。現代のマスメディアのスターとして、ヨハネ・パウロ二世はキリスト教のイコン（聖像）となったのです。

52 プロテスタントはプロテスト（抗議すること）とどんな関係があるのですか

宗教改革は、その根本的動機が教会の個々の欠陥に対するプロテストという意味合いの抗議運動だったのではありません。その根源は神学的認識にあります。マルティン・ルター（一四八三〜一五四六年）は修道士として自分自身に絶望していました。彼は自己の宗教的、道徳的尺度を十分に満たせないことを認めねばなりませんでした。自分のうちに救いがたい罪人を見たのです。また神のうちに、容赦なく、そして当然ながら自分を罰するであろう、怒れる裁判官を見たのです。しかしルターは聖書研究の過程で、「神の義」の概念について別の理解を得ることとなります。それによるなら、「義」は神が人間に有罪の判決を下して罰するために測る尺度ではなく、神が人間に贈る豊かな恵みです。神が自発的に人間を救済するつもりがあることを信じて、善業などの行為を一切放棄するとき、神の「義」が現れるのです。慈悲深い愛の神へのこのような新たな信仰こそ魂の救いそのものです。

この神学上の根本認識から、ルターはさらに歩を進めて、当時の教会に対する批判を行います。特に免罪符（贖宥状《しょくゆうじょう》）販売は、ルターにとっては目の上のたんこぶでした。免罪符を買うことで、人間は自身の「行為」によって魂の救済を手に入れることが可能になってしまいます。つまり献金で懲罰を帳消しにしてもらおうというわけです。しかし宗教改革は、そうした教皇の財政政策の、卑猥な手段に対するプロテストだけにはとどまりませんでした。それをもって、キリスト教の新しい別の解釈を作り上げることになったのです。

キリスト教の本質に関するこの新しい定義の拠りどころは何か、それを神学的に簡単に述べるのは容易なことではありません。ルターとその門弟たちは、それを「信仰によってのみ」義とされるとの、義認の教義（訳注21参照）をもって試みました。ところでルター派の義認の教義を現代のキリスト教徒に分かりやすく説明するのも生易しいことではありません。その上、今日ではその基本的な命題の多くをカトリック教徒とも分かち合っています。そのためプロテスタントに特有の性格は、救済教義に関してはほとんど見あたらないのですが、信仰および教会についての概念にはそれが見られます。すなわち、信仰においてはどのキリスト教徒も直接神の前に立つということです。特別な秘跡であれ、特別な序列の司祭であれ、仲介はもう必要ではないのです。信仰とは内なる心の耳のようなものです。それによって魂は神の声までも聞くことができます。とすれば、信仰は、誰かの代わりにすることも誰かに代わってもらうこともできません。誰もが自分自身のために信じなければなりません。この内なる心の耳には、善をなす義務を負わせる内なる心の声、良心が属しています。良心は信仰と同じく、他人の良心に代わってはもらえません。各人が自分の良心の声に耳を傾け、自分の責任でそれに従わなければならないのです。

信仰や良心に関するこのような新しい理解はマルティン・ルターが有名なヴォルムスの帝国議会登場（一五二一年）の際に主張したことです。ドイツの地方出身の名もない一修道士が当時最高位の聖職と世俗の権威者の前に召喚されました。彼らはルターに新しい教義を撤回するよう要求します。しかしルターは自分の信仰と良心に背いて行動することはできないと主張して譲歩しません。

ドイツの多くの領主や諸都市が矢継ぎばやに宗教改革に同調しました。とはいえ、彼らの状況は危険きわまりないものでした。事態はシュパイエルの帝国議会で切迫します。旧い信仰を墨守する皇帝は、彼らに対し異端者の措置をとると言って脅迫したのです。そこで、六人のルター派領主と南部ドイツ一四都市からなる宗教改革の信奉者たちは、法的抗議文「プロテスタシオン」を起草しました。そこから宗教改革の信奉者たちは「プロテスタント」と名づけられることになったのです。

彼らはあらゆる高位権威者に対して、自己の良心を頼りに、権威への服従を拒否しました。たとえプロテスタントという名称が慣例的な法的行為から生じたものであるとしても、そこには権威に対するプロテストは合法であるとの、新たなキリスト教的解釈が見られるのです。キリスト教の遺産はとどまることのない川の流れにのって先に運ばれるのではなく、時には全く新しく形成されねばならないことがあります。キリスト教は、それ自体でまとまった画一的な規模のものではなく、破れも亀裂もあります。そして、それは意味深いことです。だからこそ個人の良心が自由に羽ばたけるのです。プロテスタンティズムは宗教的な運動でもなければ、もちろん政治的な運動でもありませんでした。その良心を強調するやり方からすれば、近世初期の「自由への愛」の潮流に属するものです。特にドイツのプロテスタンティズムは何世紀もの間ずっと、政治的に保守的であり、権威に従属的でした。しかしその良心のうちに、自由の炎をついぞ放棄することなく保ったのです。

このことは、フレッド・ブライナースドルファー（シナリオライター）とマルク・ローテムント（映画監督）の映画「ソフィー・ショル」（二〇〇五年）の中に鮮明に表れています。この映画は新たに見つかった、ソフィー・ショルが耐えねばならなかった尋問の記録をもとにして作られたものです。ソフィー・ショルは兄ハンスと共にヒトラーや戦争に反対するビラをミュンヘン大学で配っていました。ですが管理人に見つかり、ただちに逮捕されてしまいます。ゲシュタポ首脳部のロベルト・モーア尋問官が長時間の、責め苛むような尋問を行います。最初ソフィー・ショルはすべてを否認しようとしました。けれど遂にモーアは罪を認めさせます。彼女は自白しました。次の会話がなされたのは、その後のことです。

モーア　ショルさん、あなたはやはりドイツ国民の幸せを思ってやったんでしょうね。
ソフィー　もちろんそうです。
モーア　あなたは総統に反対だからといって、あのエルザーみたいにビュルガーブロイケラー酒場に爆弾をしかけるような臆病者ではない。たしかに間違ったスローガンではあるけれど、あなたは穏やかなやり方で戦った。
ソフィー　それなら、どうして私たちを処罰しようとなさるんですか。
モーア　法律がそう決めてるからだよ。法がなければ秩序はない。
ソフィー　モーアさんが引用される法律は、一九三三年のヒトラーの権力把握以前には言論の

モーア　自由を保証していましたよ。今やヒトラーの下では、言論の自由は刑務所行きか刑死で罰せられるんですね。いったい秩序とどんな関係があるんですか。

ソフィー　じゃ、法律のほかに何を尊重すればいいんだね。たとえ誰が発布したとしてもだ。

モーア　あなたの良心です。

ソフィー　くだらんことを。ここに法律があり、ここに人間がいる。自分は刑事として、両者がぴったり合うかどうか調べ、もしそうじゃない場合は間違ったところを取り調べる義務があるんだ。

モーア　法律は変わります。でも良心は変わりません。

＊　＊

モーア　あなたはプロテスタントかね。

ソフィー　ええ、そうです。

モーア　教会は信者に、たとえ疑問があっても、教会に従うように要求してるんじゃないかね。

ソフィー　教会では皆自由です。

53 カトリック信者はプロテスタントの聖餐式に招かれるのに、なぜその逆はないのですか

ドイツでは、カトリック教会とプロテスタント教会間のかつての隔たりや争いは摩滅して角が取れました。ローマ教皇は反キリストだとプロテスタントが言い、マルティン・ルターは女を娶《めと》ることができるように宗教改革を企んだ、とカトリックが信じた昔の仲違いの時代は過ぎ去りました。現在、両教派に属するメンバーたちが、互いを分離した人たちと見るより、むしろ結び合う人たちと見るのは、エキュメニカル運動に与《あずか》るところが多いのです。ところが、協調の意志が充分ありながらも、いまなお深刻な差別のあることが聖餐式において明らかになります。プロテスタント教会の聖餐式にはごく当たり前にカトリックの信仰仲間も招かれます。反対に、プロテスタント教徒はカトリックの聖体祭儀（聖餐式の類義語、訳注14参照）への参加を拒まれるのです。司祭の多くはそれをさほど厳密に守ってはいないのですが、それはカトリックの公式見解には抵触します。それに従うなら、聖餐への参加者は教会員であること、換言すれば教会が本質とするものとの一致が前提条件です。それでカトリック側にとっては信者の群れの上に立つ聖職者の存在が不可欠となります。彼らにとってプロテスタントの州教会（訳注34、23参照）は、完全な意味での教会ではないのです。教会に似た、単なる共同体です。であれば、カトリックの聖体拝領式からプロテスタントの信徒が閉め出されることに矛盾はまったくないことになります。

それにしても、こんな分離はすでに各教派の中心的な教会にしか重要なことではなくなりました。教派の差は社会的にも文化的にももう大した問題になりません。それにはエキュメニカル運動のほかに非宗教的な理由も寄与しています。戦争、故郷からの追放、経済的理由からの移住などが教派でまとまっていた住環境をこじ開けたのです。かつて、きっちり離れて暮らしていたカトリックとプロテスタントの住民たちは、すでに何十年も前から隣り合って、あるいは混じり合って問題もなく暮らしています。一世代前なら大きな家庭内問題に結びついたに違いない、教派の異なる者同士の結婚は、とうの昔から日常化しています。そもそも教会との繋がりも少なくなったし、それとともに教派ごとの影響力も弱まっています。まだ一九七〇年代初めには宗教社会学者が、両教派の信徒を彼らの好みの煙草の消費量によってはっきり分類できるなどと主張していたのです。一方のあるいは他方の教派が、ある特定のメンタリティーや行動に結びついているというステレオタイプな考え方は、さすがに大都市では過去のものになったとはいえ、まだ僅かながらに残っています。こちらは慎ましい現代風のコンクリート教会にふさわしく、冷静さと誠実さを兼ね備えたプロテスタント、あちらは伝統的で、かつ軽やかなバロックの教会に似合った、厳格な信仰心と奔放さを併せ持つカトリックという具合です。こういった紋切り型の考え方の多くは実際には根拠を失ったとはいえ、今でも浸透しています。このことは、宗教上の先入観がいかに深く、長く影響するかを示しています。

追記　問い87参照

54 プロテスタントは他の諸教派と異なり、なぜマリアも聖人も崇敬しないのですか

聖人やマリア崇敬には長い歴史があります。早くも古代のキリスト教徒たちが、礼拝をもって殉教者を追悼し始めています。ローマ帝国による大迫害が終わりを告げると、さらに多くの聖人が信仰の証人として加えられました。ほとんどが奇跡を行う修道士や司教たちでした。四世紀ごろからは、「神の母」として、また古代後期の処女理想像の具現として、マリアの価値が特段に高められました。特に中世になると、「低度の崇拝」が繰り広げられるようになり、それが神やイエス・キリストを崇める「高度の崇拝」を凌ぐことも稀ではありませんでした。本来の神が遠く、抽象的に見え、イエス・キリストが処罰する審判者に見えれば見えるほど、それだけ人間に身近な仲介者を欲する気持ちが激しくなるのです。大衆の信心は、崇拝すべき本来の対象よりも、仲介者に対したほうが簡単に燃え上がります。男性的にうち出された神イメージには母性の観点が欠けるので、マリアが大衆信心の中心になったのですが、それだけではありません。マリアおよび聖人崇敬は、昔ながらの多神教を吸収し、それをキリスト教に移行させる見事な策でもあったのです。これによって、古い多神教の神々に新しいキリスト教の衣装をまとわせることができたからです。この先例は、後にラテンアメリカの宣教において繰り返されることとなります。

マリア・聖人崇敬に関しては、教会指導者層の姿勢に矛盾が見られます。一方では健全な不信感

をもってそれに接し、制御しようと試み、他方ではそれを奨励しているのです。今日に至るまでそうです。マリア・聖人崇敬は、ルルド（一八五八年）やファティマ（一九一七年）のマリア出現でも分かるように、ただの前近代的現象ではありません。例えば、教皇ピオ一二世が一九五〇年に聖母マリアの身体的被昇天の教条を布告したことで、カトリック教会におけるマリアの抜きんでた位置は、教会職側からも強調されることになったのです。

プロテスタントのキリスト教会は、こういった「低度の崇拝」を本来の福音の歪曲とみなし、今日にいたるまで拒絶しています。というわけで、プロテスタントは信仰の純粋度は高いけれど、同時に宗教的には飾り気のない殺風景な印象を与えます。とはいえ、マリア・聖人崇敬はたとえば南米などとは異なり、今日の西欧ではあまり派手に展開されることがなくなり、したがって教派間の争いの対象となることもありません。

追記　ミュンスターの裁判所は、二〇〇四年に次のような賃貸問題の審理を行いました。住居を賃借していたプロテスタントの一女性が、カトリック信者の大家が階段に聖母像を置いたとして、家賃引き下げを要求したのです。ところが裁判官は次の如くすげない判断を下しました。「家賃減額の権利は、住居使用の適格性が侵害されたときに限って借用人に認められる。さらに、イエスはプロテスタントの信仰においてもマリアによって生まれたのであるから、階段に聖母像を置くことは、特にショックを与えるほどの事態ではない」と。

55 カトリックや東方正教会の聖職者に許されていない結婚が、なぜプロテスタントの牧師には許されるのですか

神を信じる人はもはやこの世だけに属するのではありません。彼は他の世界を、まったく別の生を待ち望んでいます。世俗や自己の自然な欲求へは距離をおいて立ちます。イエスにおいては、この世俗との距離は、一切の社会的繋がりを解いたことに見られます。近づく神の御国を告げるためにイエスは故郷ナザレを発ち、大工としての職業も放棄し、家族との関係を断ち、ガリラヤを歩き回りました。その早すぎた最期まで、御国を待って、自由で、束縛されず、解放されていたかったのでした。イエスにとっては、宗教上の理由で自由であることの、具体的な表現が結婚しないことでした。まったく新しい現実を告げようとしている矢先に、いかにすれば女を娶り、子どもをなし、世帯を構えることができたでしょうか。弟子たちや、たとえばパウロのような使徒たちも少なからずその例にならって未婚で通しました。絶対の、束縛されない信仰のしるしだったのです。

といっても、結婚、恋愛の原則的禁止などはイエスもその直弟子も知らぬことでした。ペトロが結婚していたのは確かなことです。そもそも初期キリスト教の通例では、司教たちは結婚していたようです（テモテへの手紙一　3・2）。さらにまた、結婚するべきではないというきまりは邪説として斥けられました（テモテへの手紙一　4・3）。

にもかかわらず教会には独身制が設けられています。すべての司祭は未婚であらねばならず、性

的禁欲の義務を負わねばならぬという戒律です。カトリックの教会法では現在もそのように規定されています。東方教会では独身制は緩和された形にあります。結婚している男性も司祭になることが可能です。ところが叙聖（叙階）以前に結婚していなかった人は、聖職者の身分に昇格した後に結婚することは許されません。それにすべての高位の聖職は独身者のために確保されているのです。

この独身制度は、第一に後期古典期の理想である純潔の尊重、また自己の激情、いやそれどころか自己の肉体性の克服などに根源があります。第二に性交が人間を「穢す」、言い換えれば礼拝不適格者にするとの、キリスト教以前の考え方に基づいています。第三にそれは完全なる宗教的献身の表現であるとしています。三世紀に、叙階された司祭は結婚してはならないとする慣習法ができあがりました。さらに進んで、既婚の司祭は婚姻の性的成就を禁じられました。しかし司祭の婚姻を禁止する本来の独身制度は、一一、二世紀になってから成立したものです。比較的遅くできた戒律なのです。

宗教改革は独身制を廃止しました。その動機がルターみずからの性的急迫だったわけでは決してありません。一五二五年六月二七日、四〇歳を過ぎたルターが、還俗した修道女カタリナ・ボーラと結婚したのは、彼女を性愛の面で愛したからではありません。それは後になってからのことです。ルターの独身制の拒否はより深い、宗教的な理由からでした。

ルターにとって真の課題は、いかにすれば人は我意への執着を克服することができるかということでした。この我意は欲深です。全てを自分のものにしたがります。この欲望への意志は必ずしも性欲に限定されません。それは生活のあらゆる次元を貫いています。といっても性的欲望において、その意志はとりわけ強いのです。ルターは、性的行動の単なる停止だけで、この根本的欲望の意志を解消させたり終結させたりすることは金輪際できないと見極めていました。今日、独身の司祭や修道士も、通常それを認めることはないにしても、自身の欲望の支配下にあります。我執は、信仰者が神の前に専断をすべて放棄し、ただ神からの救済と義認を待つときにのみ、克服することができるのです。こうして人が神に義と認められるとき、その人は自分の人生を自分に正しいと思われるように過ごして、しかも自由です。教会法による規定は彼にはもう重要ではないのです。彼は神によって創られた自然に逆らって生きる必要はありません。ルターもまた、性本能は人間が簡単に廃することのできない自然な力であって、「自然は外へ出て、受精させ、増繁殖させるを欲す」と言っています。終生の禁欲願望はルターにとっては不条理なことなのです。同様に、「糞・尿は堪えねばならぬ」という掟を作ることだってできてしまいます。「なぜなら、堪えることのできないことを堪えねばならないというのだから」と。

ルターにとって、結婚の意義は単に人間の自然の欲求が満たされることにあるのではありません。結婚は楽しいことばかりではないからです。結婚には心配事がつきものです。結婚生活は夫に家政への大きな責任を負わせます。逆に、ひとり自分のためだけに生きる修道士の修院生活は、居候の暢気さでないとすれば、まさに天国のようなものです。結婚生活は修道院よりはるかに隣人愛の訓練場となるのです。毎日何度も自分の要望を取り下げざるをえなくなります。縁故関係の網に織り込まれ、パートナーや子どもなど、他の人の利益を当然のごとくに優先させなければなりません。とはいっても、結婚生活は義務や別種の禁欲ばかりではありません。大きな楽しみや互いの愛に生きる幸せもあります。このことをルターもみずから体験します。カタリナとの理性的な結婚は、時が経つにつれて愛の共同体になったのです。ルターは遅くやってきた人生の幸せを感謝しながら味わったのでした。

56 宗教改革は教会を近代化へどの程度まで導いたのでしょうか

古代のローマ人は、諸々の神々のほかにもドアの敷居担当の神を崇めていました。ヤヌスという神で、出入り口、門戸を守護するとされています。正反対の両方向を見る双面の頭を持っています。ヤヌスは一方の顔で過去を眺め、もう一方の顔で未来を眺めるのです。

このヤヌスは、比喩的な意味において人生や時代の転換期に関連づけることもできます。時代を歴史の敷居をまたいで導いた数多くの歴史上の人物は、ヤヌスのように二つの顔を持っていました。マルティン・ルターもそうです。一面ではルターは遠い未来を眺めていました。ルターは個々の人を宗教的権威者の支配から解放しました。自身の信仰と良心の理解をもって、近代の個人主義を促しました。教会の意義を相対化し、平等を目指す教会像に道を開きました。教会に染み込んだ一元的文化であるとの、古代および中世的観念を打ち破り、教会と国家の分離を目指しました。

しかし、このことがルターのすべてだったのではありません。ルターの二番目の顔は過去に向いているのです。過去に、今日ではすっかり時代遅れになった観念を固定させているのです。彼の信仰感情は、現代では異質で、奇異に思われる観念に決定づけられています。人間とは、まず第一に善良でもなければ自由でもなく、自己の罪深い意志に捕えられているのだとの考え方に刻みつけられています。ルターにとって、神とは、単に実存の理由や善の源であるだけではないのです。それは、近くにあり、また遠くにあり、善であり、また悪であり、慈悲深いと同時に怒りっぽく、魅惑的であり、恐ろしくもありうる、非常に矛盾した存在だったのです。ルターは悪魔と内密の関係を保ち、またこの世の終わりの近いことを待ち望んでいました。個人の自由を一度は肯定したものの、ルターはそれを撤回して、個人の信仰を聖書と古代教会の信条に結びつけて拘束しました。信仰概念の完全に自由な選択はルターには考えられないことだったのです。同様に寛容とか宗教的多元性といった近代的理念も理解しなかったようです。

ルターの宗教改革はヤヌスの顔を持っています。その双面は全体の中に溶け込んではいたものの、緊張をはらんでいたのです。ところが、ルターの後継者の時代になると、この双面はばらばらに崩れてしまいます。一八世紀以降、旧、新の両プロテスタント教会が相対峙しています。旧いプロテスタンティズムは、堅固な聖書主義と徹底した礼典信仰を持つ、権威主義的な教会文化を代表しています。新プロテスタンティズムは、固定した会規や組織から解放された、宗教上の個人主義文化を擁護する立場です。この二つの潮流は原則的な考え方においては相容れませんが、それでもなお同じプロテスタント教会に属しています。プロテスタント教会は「流線型の進歩党」でもなければ「熱心な自由の友の会」でもありません。それどころか、みずからのうちに内蔵する、過去と未来、伝統と革新、自由と束縛の間の矛盾に耐えぬいており、ここにプロテスタンティズムの特別なチャンスがあるのかもしれません。プロテスタンティズムの存する現代そのものが、近代性という画一的な概念に固定されえず、多彩な緊張や亀裂を見せているのですから。

57 これほど多種多様なプロテスタント教会があるのに、カトリック教会がたった一種類しかないのはなぜですか

私たちがカトリックと言うとき、たいていの場合、大規模な、全世界にまたがり、数々の軋みにもよらず統一された組織の、ローマ・カトリック教会のことを指しています。一方、プロテスタントと言うときには、あらゆる可能性が出て来ます。プロテスタンティズムは一つの教会組織や一つのまとまった教派で捉えることはできないのです。

一番初めに設立されたプロテスタント教会は、北ドイツや北欧に今もなお存在するルター派の州教会（領邦教会、訳注34、23参照）です。ところが、ルターの宗教改革は、この制度形態を生み出した後、徐々に疲弊してしまったようです。ルターは世界史的な現象でした。が、ルター主義は一地方の重要事として残っているにすぎません。後の時代にも確かに優れた人物は現れましたが、世界的な影響力を持つことはありませんでした。一部のルター派住民の移民を通して、北米やブラジル

など他の地域へ達したにすぎません。

ところで、ルターの後に宗教改革者の二世代目が続きます。その先頭に立つのがジャン・カルヴァン（一五〇九～六四）です。カルヴァンはルターの基本的認識を取り入れて明快な神学に移行させ、教会と社会の形成のための刺激となるべく、それをルター以上に役立てました。そのため、カルヴァンのプロテスタンティズムの教義は、より活動的で、道徳的であり、政治的で近代的です。ドイツにおけるルターの影響が限られていたのに比べて、カルヴァンの改革されたプロテスタンティズムはヨーロッパの広範囲に、とりわけ南ドイツ、スイス、フランス、イギリス、オランダ、そして後には北米にまでも影響を与えました。ルター派とカルヴァン派は長い間競争関係にありました。例えば聖餐や救済理解における両者の神学的な隔たりは、特に一七、八世紀には敵対行為にまで発展し、カトリックへの共通の敵意が色あせるほどでした。けれど二つの姉妹教派はいつしか大きく歩み寄り、以前からの違いはもうほとんど問題ではなくなっています。

この二大教派のほかにも、すでに早くから宗教改革の急進的な支流がありました。しかし、ルターの出現に巻き添えになって流され、やがて追い越されてしまうのです。その支流は幼児洗礼を認めず、成人後に自身の決断に基づき、再び洗礼を受けて教会員になることを要求したので、再洗礼派（アナバプテスト）と呼ばれています。この「宗教改革左派」はカトリックとプロテスタントの両方から等しく迫害されました。再洗礼派はセクトとみなされていました。それで彼らはオランダやイギリスに、また後には北米に逃れました。その地では、バプテスト派（全身浸礼による洗礼を行う派）が小さなセクトから大きなキリスト教派の一つに成長していました。

このような過激で厳格な信仰心を持つ宗教改革の傍流のほかにも、もう一つのプロテスタンティズム左派があります。それは宗教改革の刺激と人道主義、啓蒙主義などが混ざり合って生じたものです。この傍流に属するメンバーたちに重要なことは、より個人主義的な信仰生活を送ることです。だから制度上の形式を作りにくいのです。とはいえ、クエーカー派[*29]やユニテリアン派[*30]などといった小人数の信仰共同体は、並外れた人道的な社会参加と自由な精神性の点で、影響力は小さくありません。

カトリックとプロテスタントの中間にあるのが英国国教会です。この教会は西欧のキリスト教の中で大きなコントラストを呈しています。英国国教会は政治的偶然により成立したものだからです。英国王ヘンリー八世（一五〇九〜四七年）は自国の教会からローマ教皇の影響を除去しようと腐心していました。たび重なる結婚と離婚に対し、教皇がその公認を拒否すると、ヘンリー八世はローマと絶縁します。したがって、王の宗教改革はただの恣意的行為だったのです。それによって自分自身が教皇の代わりとなり、英国国教会の頭となりました。ずっと後になって改革の宗教的動機づけがなされましたが、それが英国国教会を全般的に決定づけることは一度もありませんでした。そのようなわけで、英国国教会には二つの相対する傾向があります。カトリック教会を思い出させるほどの豊富な典礼行事を有する「ハイ・チャーチ」と、そして北米の福音派教会（訳注20参照）を強く思い出させる「ロー・チャーチ」です。両者の間にはその中道を目指す「ブロード・チャーチ」があります。

†近代のキリスト教について

58 キリスト教に啓蒙主義はありますか

「啓蒙主義」は、今もなお人を刺激する言葉です。この言葉は優に三〇〇年も似たような反応をよび起こしてきました。自分を進歩的だと思う人たちは、啓蒙主義を人類最大の歩みの一つだとして歓呼します。それとは逆に自分を保守的だとみなす人たちは、それを堕罪だとしてののしります。誰もが啓蒙主義に一つの意見を持っているのです。にもかかわらず、それはもっとも不案内なヨーロッパの時代現象の一つとなってしまいました。その文学や哲学、神学は知識層においてさえすでに忘れられてしまっています。

啓蒙主義の標語「サペレアウデ[*31]」とは、イマヌエル・カントの有名な表現によれば、「自分自身の理性を用いる勇気を持て」ということです。自由な思考へのこの勇気とは、ありとあらゆる宗教的、道徳的慣習を自分の感覚に問うてみることを意味します。それがひいては聖書、信条、教会指導者層への徹底的批判へ導くことになったのです。フランスやイギリスでは、啓蒙主義運動はにべもなく反教会的動向であると受けとられました。けれど、啓蒙思想をキリスト教とはっきり対立させるのは完全なる間違いでしょう。あまり知られていないことですが、ドイツには啓蒙主義的キリスト教が可能であるという例があるのです。

ドイツでは、ユダヤ教の偉大な啓蒙主義「ハスカラー[*32]」が発展したように、「ネオロギー」と呼ばれるプロテスタントの啓蒙主義が台頭しました。ハスカラーは、レッシングの作品『賢者ナータン』（大庭米治郎訳、岩波文庫、二〇〇六年〔復刻〕）にモデルとして貢献したモーゼス・メンデルスゾーン[*33]によって唱導されました。そして、ネオロギーにおける賢者ナータンは、同時代の共感をよぶ人物、ヨハン・ヨアヒム・シュパルディング（一七一四〜一八〇四年）です。後年ベルリンの宗教局評議官および監督教区長となったシュパルディングは、若き日に瀕死の父のベッド脇で小冊子を書きました。それが一八世紀の大ベストセラーになったのです。一三版を重ね、フリードリッヒ大王の奥方によってフランス語にも翻訳されました。

おそらくシュパルディングが神学者でなかったからこそ、キリスト教プロテスタントの、完全に自由で、近代的な姿を叙述できたのでしょう。彼の著作『人間の使命』（一七四八年）は少しも神学的ではありません。聖書も信条も教会の教えも直接引き合いに出さずに、「わたしは何故存在するのか、どのようにあらねばならないのか」という存在の根本問題を追求しています。

人間の真の使命を探るため、シュパルディングは人間の生の根本衝動として「幸福の追求」を採りあげてみたのです。従来の神学者が通常とった態度とは違い、シュパルディングはそれを非難するどころか、人間の心の奥底にまで入り、「幸福の追求」を人間本来の目標に当ててみたわけです。そして彼は言います。感覚的快楽も悪くはない。が、そこに人間の使命はない。「なんのために」自分の生はあるのか、それは人間が自身を倫理的存在と見なすときにはじめて見えてくるのだと。倫理性に関すれば、宗教が幸福の最高段階として頭上に天蓋のように広がっています。それこそがまさしく人生の意味を探し求める心を完全に充たすものであると言うのです。キリスト教の信仰は、「私を真に幸せにする偉大な術」なのだと。人間は神を信仰することによって、この世を良き被造物として感謝しつつ楽しみ、多くの困苦がありながらも人生に信頼を寄せ、死に直面して永遠の希望を見いだす、究極の根拠につながることが可能であると言っています。

シュパルディングはことさらに簡単な神学を述べます。この神学は複雑な教義も、入念に考案された典礼儀式も必要としません。しかし、簡単であるからといって単純だとはかぎらないのです。シュパルディングの神学は、原罪やキリストの贖罪死といった旧い教会教義から離別したほど、徹底して批判的でありました。けれど批判だけにとどまらず、浄化されたキリスト教精神、再び取り戻した「単純さ」を目指しました。その目標へは、自由な人間が神への信仰に真の幸福を見いだしたときに到達できるのです。「自分で得心し、神を友とする」、これがシュパルディングの幸福の定義です。

59 教会と国家は分離されるべきですか

ピラトがイエスに、「おまえがユダヤ人の王なのか」と問いただしたとき、イエスはこう答えました。「わたしの国は、この世には属していない」（ヨハネによる福音書18・33〜36）。初期のキリスト教は政治的なプランなど持ち合わせていませんでした。もともと世俗の権力を持つつもりはなかったのです。それが「コンスタンティヌス帝の転換」をもって変わります。皇帝コンスタンティヌスが帝位につくや、キリスト教は後期ローマ帝国の公認宗教にならんと志したのです。この「コンスタンティヌス帝の転換」はキリスト教の世界史的勝利となります。その後、国教としてあらゆる文化圏に浸透し、ゲルマン民族の先祖のような数多くの新興民族を従わせ、味方に付け、教化していったのです。それにもかかわらず、「コンスタンティヌス帝の転換」は堕罪でもありました。それ以後、信仰と政治は不幸にも混ざり合ってしまったからです。教会はその目的に政治的な手段をとり入れ、国家もまた教会を自己の利益のために利用しました。信仰は人民のアヘンとなり、聖職者は人民を厳しく叱責し権力者を賞賛する、黒衣の警察となっていったのです。

それでもなお、教会と国家の関係は常に緊張に満ちたものでした。完全な平等関係に至ることは西欧ではついぞありませんでした。カトリックの中世期は、ローマ教皇と皇帝との激しい争いの数々に貫かれているのです。その点が東欧の教会や、またイスラム教とは異っています。ただの小競り合い程度に収まっていることも一時的にはありましたが。

国教は、その理念が決して完全に実現されたことはなくても、現実には信仰と思想の自由を重苦しく締め付けていました。遂に宗教改革が国教観念を打ち破り、世俗の権力と宗教上のそれとの間をはっきり区切ったのです。宗教改革者たちは、国家には教会の、教会には政治の問題に関与しないよう求めました。これは教会にも国家にも新たな自由を提供し、両者にそれぞれの独自性を任せることにつながります。その限りでは、宗教改革は政教の分離を、少なくとも原則的に要求したのです。ところが実際の様子は違いました。宗教改革者たちは政治の援助と制度上の保護に頼らざるをえなかったため、かつての司教に代わって領邦君主が教会を統率する、「領邦教会」[*34]の制度を生み出してしまったのです。これが当然ながら新たな従属関係に行きつく結果になりました。

そのようなわけで、徹底した政教分離は、宗教改革によるものではなく、啓蒙思想の結果として生じたものなのです。それはまずアメリカ合衆国憲法（一七七六年）にて、政治的に実現されます。ここにおいて、教会と国家の関係はすっきり解かれたのです。すべての教派は自由であり、平等の権利を持たねばならぬとされました。また、国家は教会に関することに干渉すべきではなく、教会は国家から経済的な援助を受けるべきではない、さらに国家主導による宗教の授業はあってはならないとされました。それでも、キリスト教と政治は相互に緊密に結びついています。というのも、北米では宗教的な風土が国教会的なヨーロッパより遥かに敬虔であるからです。

政教の分離を最初にアメリカにもたらしたのはフランス革命（一七八九年）です。ところがフランスでは攻撃的な教会敵対の動きが進行中でした。革命家たちはカトリック教会を、倒さねばならぬ王室の同盟者とみなしていました。ほとんど教会迫害の事態にまで至るのです。種々の王制復古や革命などの試行錯誤の後、一九〇五年にフランスの取るべき道が文書に制定されます。国教会制度は廃止され、一般的な信教の自由が宣言されました。以来、国家による宗教教育は行われないことになりました。フランスのカトリック教会は財政的に甚大な損失を蒙らざるをえませんでした。このため大半の司祭が貧困に陥ったばかりか、組織としての教会が全般にわたって衰弱したのです。

ドイツの場合、政教分離問題に関しては、ずっと後になって非常に特異な解答を見つけだします。第一次世界大戦の悲惨な終焉後の一九一八年に、皇帝とすべての領主が廃位され、ワイマール共和国[*35]が誕生すると、プロテスタントの教会から頭がいなくなってしまいました。それで改めて組織を作り直し、国家との関係も新たに決めるしかありませんでした。

こうして、ワイマール共和国の新しくなった国民教会（訳注23参照）には、教会税を通して全国民が出資することとなりました。それで、教会税は初め教会内の民主化への手段ともみなされていました。ワイマール共和国憲法のこの宗教規定は後々まで影響を及ぼしました。「第三帝国[*36]」の中断期を経て、現行のドイツ憲法（基本法）にそれは復活したのです。

今日、この教会税はドイツの特殊事情として、特に人目を引いています。教会税は国家によって徴収はされますが、これは単なる旧い教会制度の遺物なのではありません。国家はお役所サービスを提供しているだけで、本来なら教会が国家にそのサービス料を支払ってしかるべきものです。法的に見れば、教会税は会費とは別のものですが、今日では事実上、強制規定ではなくなっており、教会から退会すればごく簡単に税を免れることができます。プロテスタントとカトリックの教会が公的な法人として徴収できる教会税は、金銭調達のすこぶる能率的な方法です。それは、ドイツの教会に比べもののないほど大きな安定性をもたらし、教会を公的な機能として確立させているのです。

いつのまにか九〇年にならんとするワイマール憲法のこの宗教規定は、ここにきて現代社会の実情に即していないとの印象が強まってきています。当時いたって革新的だったこの規定に将来性があるか否かは、結局のところ、ドイツ国民がもうそれほど大規模ではなくなった教会の公的機能にこれからも興味があるか否かにかかっています。

こうした概観は、国家と教会の分離を遂行するにあたり、西欧や北米ではやり方がいかに多様だったかを示しています。ＥＵがさまざまな伝統にふさわしい一つの形をうまく見つけることができるかどうか、今のところはまだ見当がつかない状態です。

60 アメリカ人はなぜ西欧人より信心深いのですか

西欧人は、近代化が常に教会の世俗化をも意味すると確信しているようです。ところがアメリカ合衆国を短期間旅行するだけでも、社会的な進歩が必ずしも宗教の退歩や教会の意義喪失につながるわけではないことがすぐに分かります。それどころか逆なのです。西欧からの旅行者は、アメリカの政治家がまるで恥ずかしげもなく公衆の面前で祈り、選挙演説の終わりに「神の祝福がありますように！」と、熱狂した人々に向かって叫ぶのを怪訝な気持ちで眺めるでしょう。次いで、テレビのチャンネルを切り替えてみれば、視聴率の高い宗教番組にいくつも出会います。教会に行ってみれば、いかに大勢の人たちが、特に大勢の若者たちが礼拝に参加しているかに驚嘆します。さらにアメリカ人と話してみれば、聖書は驚くほど多くの人たちにとって字句どおりに神の言葉なのだと確信します。あれこれ多数の例から、キリスト教がアメリカの社会生活にとてつもない影響を及ぼしていることが西欧の旅行者にもはっきりしてきます。国家と教会がドイツなどよりきちんと分離しており、教会はドイツで与えられるほどの特権を何ら享受していないにもかかわらずです。

アメリカ合衆国には、見るからに別種の、ヨーロッパ人には未知の宗教文化が存在しています。この国の開拓史を見れば、彼らのルーツの一つが分かります。この大陸が植民地化される過程で、教会に関しては、新世界は当然ながら旧世界のコピーにはならなかったのです。それはヨーロッパで弾圧された宗教的少数派が入植したからです。一七世紀初頭にピューリタンの、いわゆるピルグリムファーザーズ（巡礼始祖）がいちばん先に渡って来ました。ピューリタンとは、英国国教会に反抗して圧迫された、急進的なカルヴァン派の影響を受けたプロテスタントたちです。彼らの多くは、まずオランダへ逃亡し、そこから大西洋を横断したのです。北アメリカに信教の自由を見つけ、自分たちの教会を建て、道徳堅固な、聖書信仰の観念にかなった人生を送ることができることを期待したのです。このピルグリムファーザーズに、他のプロテスタントの分離派グループが続きます。たとえば寛大なクエーカー教徒たちです。

最初の移住者は熱狂的な信仰を持ち込みました。しかし、それを長く保つのは難しいことです。緊張の次には弛緩が来るものです。その対策として、「リバイバル（信仰覚醒）」の動きが定期的に登場します。初めてのリバイバル運動は一七三四年に始まりました。一九世紀にはそのような敬虔な熱狂の嵐がほぼ一世代ごとに（一八〇〇、一八二六、一八五七年）起こりました。歴史家は彼らの激しさを疫病になぞらえたほどです。特に成功を収めたのはメソジスト派の信徒たちです。ウェスレー兄弟によって創設されたこの教派は、非常に徹底した方式（メソッド）を持った暮らし方と敬虔さを維持しています。そのため、メソジストという名は、もとは嘲笑的な意味合いをもって呼ばれたものでした。初め、メソジスト派は英国国教会を内部から改革しようとしていました。それがいつしか国教会からはみ出して、独自の宗教団体となっていったのです。メソジスト派による北米での現代風の大がかりな福音伝道に、大勢の聴衆が押し寄せました。とはいえ、リバイバル運動で最大の成功を記録したのは、バプテスト派です。

北米の教会の状況はヨーロッパより多面的ですが、また亀裂もより多いのです。本来は、非常に強くプロテスタント的に培われています。このプロテスタンティズムは多数の異なった教会や教派に分派していきました。さらに一九世紀には南欧やアイルランドからの、また現在は中南米からの移民の波がカトリック教会を拡大させています。アメリカの教会は、教会税といった国家の援助や伝統的な特権に頼ることができないので、宗教市場において自力で主張しなければなりません。激しい競争の重圧が、一方では宗教的成果の一様化へ、他方では牧師や平信徒の積極的な活動参加へと向かわせています。アメリカのキリスト教諸教派は、彼ら自身の強さのゆえに、国家の中立的世界観を受け入れることができるのです。というのも、彼らは、アメリカの社会がキリスト教に決定づけられていることを知っているからです。

ところで、敬虔な北米においても世俗化が教会に影響を及ぼしています。これが社会をしだいにキリスト教と非宗教の二つの陣営に分裂させる結果となっています。堕胎や安楽死などの刺激的なテーマで、両者の文化圏の間にくすぶる摩擦が定期的に炸裂しているようです。

61 現在もっとも急速に発展しているのはどの教派ですか

キリスト教は急速に広がっています。もちろん西欧のことではありません。「第一世界」の住民にはあまり注目されていないのですが、アジア、アフリカ、ラテンアメリカで目下新しい種類のキリスト教が起こりつつあります。それは西欧のプチブル化されたキリスト教よりも伝統主義的、権威主義的であり、信仰上厳格ですが、その代わりずっと活気があります。この新種のキリスト教は将来優勢になると言っても構わないでしょう。今すでに西欧、北欧の昔ながらの教会を凌駕しているのですから。

現在世界には約二〇億人のキリスト教徒が存在します。世界人口の三分の一を占めています。そのうち五億六〇〇〇万人が欧州に、二億六〇〇〇万人が北米に住んでいます。ところがラテンアメリカ、アフリカ、アジアには、一一億五〇〇〇万人のキリスト教徒が暮らしているのです。つまり、キリスト教徒の六〇パーセントが「第三世界」の人々なのです。人口統計学上の展開を考えると、第一世界の人口が著しく減少し、第三世界の人口が大幅に増加していることから、キリスト教内の昔の力関係は大きく変わることが予想されます。

新種のキリスト教は共通点を見つけ出すのが困難です。第三世界のもっとも主要な、最大の教会は言うまでもなくカトリック教会です。ラテンアメリカはスペインとポルトガルによる征服以来のカトリックです。アフリカでも、古くからの強力なカトリック教会に出会います。韓国など、多くのアジア諸国ではカトリック伝道が新たに成功を収めています。ところが、カトリック教会と並んで、ときにはそれと奇妙に混ざり合った無数の、ヨーロッパではまったく未知の共同体や教会が存在するのです。たとえば、ブラジルの「神の御国の世界教会」とか、アメリカの「神の統一教会」、韓国の「ヨイド純福音教会」とか、コンゴの予言者サイモン・キムバングの「地上の主イエス・キリスト教会」などです。こういった名簿リストは際限なく続きます。これら様々な教団に共通するものを明確に定義づけるのは並大抵ではありません。どちらかといえば当惑から、それらを「ペンテコステ派[*37]」という概念の下にまとめることで合意されています。熱狂的な礼拝式、奇跡的な癒し、カリスマ的指導者などが主要な役目を演じる点で、それは当を得ています。それに、その大部分はアメリカのペンテコステ運動（訳注37参照）に由来するのですから。他にも、さらに違うルーツをもつ新興の教会が多く存在します。たとえば、ヨーロッパ宣教団の影響が土地伝来の宗教と結びついた、アフリカ生まれの教会です。この種の教会の多くは、宗教的ニューエコノミーの波に乗り、現世の幸福を約束しながら信者の獲得におもむく怪しげな新生企業なのです。その結果、ナイジェリアには「勝者の教会」があったりします。けれど、それは必ずしも多数派ではありません。このペンテコステ運動は今のところ猛烈に躍進しています。確かな数字は当然ながら分かりませんが、西欧から導入された、伝統的な教会が不利な立場に追いやられるのは必至です。そのため、カトリック教会はこのような新興のカルトとの競争に困惑し、折りにふれ彼らの成功の秘訣のなにがしかを取り入れたりしているようです。

問題は、この新種のキリスト教が、彼ら一流の原理主義、頑迷さ、暴力、そして迷信などの面を垣間見せることです。広く分布し、阻止しようのない悪霊や魔女、悪魔信仰などもあります。それでも、過去にラテンアメリカにおける「解放の神学」の活動[*38]が失敗したことに、この新しい形のキリスト教が成功していることを顧慮する必要があるのです。それは、もっとも貧しい人たちを彼らの自由意志によって自主的に行動に導くことなのです。例えば、ペンテコステ派の教会には、ひどく絶望した人々ともいうべき南アフリカの黒人居住地区、スラム、南米のファヴェラ（貧民街）などの住民が集まり、白人宣教師の指導なしに自分たち自身の霊的欲求にかなった礼拝式をとり行なっています。ここで彼らは社会的向上を容易にする連帯感やしっかりした生活形式への訓練のチャンスを手に入れます。また、解放、安堵、癒しを経験します。そして聖霊に満たされた人としてまったく新しい自尊心を得ているのです。

62 現代社会は何のためにキリスト教を必要とするのですか

現代国家はキリスト教がなくても機能します。中立的世界観を保持し、それぞれ固有の論理に従っています。実際上の問題解決において聖書や伝統的なキリスト教倫理学などに直接の助けを求めることはないのです。ただキリスト教的価値観が政治的、法律的また事務的な決定に間接的に流入し得るだけです。だからといって、キリスト教的な価値観など重要じゃない、ということではありません。その影響は、ただキリスト教的な政治につながることにのみあるわけではないのです。そのようなことは現代の情勢では不可能です。そうであれば、キリスト教的価値観の影響力は、現代の民主主義が頼みにできるような市民心情を醸成することにあるのかもしれません。現代の民主主義国家は、中立的な世界観であらねばならないため、みずからは創り出すことができない世界観上の前提条件に依存しています。その前提条件とは、人間の尊厳に対する畏敬、自由と正義の絶対的尊重、人間の限界の認識、そしてそれと関連して、現代の全能幻想に対する懐疑などといったことです。これらの前提条件は倫理的、宗教的性格のものです。ということは、これらの前提条件が今後も存続するように努めることが、現代社会へのキリスト教の主要な貢献なのでしょう。

63 キリスト教的な金の稼ぎ方はありますか

初期のキリスト教は、金を稼ぐこと、使うことについての問題に無関心でした。イエスの言葉によれば、マンモンすなわち富の神と福音の神との両方に仕えることはできないのです。イエスの言葉に真剣に従おうとする人は、財産を放棄し、職場を去り、生涯をいつまでも商売に浪費すべきではないでしょう。古代キリスト教はそれに呼応して、神の祝福はこの世の富にではなく、貧窮にあると告げています。大成功の経済活動には疑わしげな目が向けられました。特に利子の徴収は品位を落とすこととされ、それは少数民族ユダヤ人に委ねられました。

　こうした禁欲的な経済敵対視は近代的な資本主義経済が台頭し始める近代初頭まで続いたのです。だからといって、この台頭が明らかに非キリスト教的な発展だったというわけでは全然ありません。新しく台頭した経済手段や機関がキリスト教的に作られているわけではありませんが、経済活動の背後に潜む意向はキリスト教的、プロテスタント的な根源を持つのです。ルター派のプロテスタンティズムは市民階級の職業を新たに評価しなおして、古い修道僧じみた世界と経済からの方向転換を始めました。また、北米のカルヴァン派清教徒のプロテスタンティズムは、経済的成功に神の祝福のしるしを見るというメンタリティーを形成したのでした。

　やがて自由市場経済が（あるいは資本主義が）唯一の、他に選択肢のない経済モデルとして勝ち抜きます。ほとんどのキリスト教会はそれに適合し、グローバル化の暗黒面などに対して、みずからが影響を及ぼせる可能性の少ないことを悟っています。他のどの経済形態もこれほど効率よく利を生まず、これほどの豊かさをもたらさないことを理解しています。キリスト教会のように、社会正義や貧困層の支援に尽力する人は誰もがこの繁栄の所産に依存しているのです。

　それでも、棘《とげ》は残ります。資本主義経済の基本的根拠は、市場競争において他の利益に対して勝利をおさめる自己利益です。このことは、行為の原動力は隣人愛でなければならないとするキリスト教的倫理の根本思想と相容れないものです。それゆえ、キリスト教は暫定的に、また条件つきでのみ市場経済との和睦が可能だとしています。

† 倫理について

64 「罪」という言葉はなぜ十分な説明を必要とするのでしょうか

キリスト教のもっとも重要な語の一つである「罪」は、もっとも問題をはらむ一語でもあります。罪は、人間存在の根本的な特質の一つを表すものであり、同時に教会に関するひどく否定的な固定観念を象徴しています。それによれば、人間は神に背いた生き物以外のなにものでもなく、徹底して罪人であり、善をなすにはまったく不能である。人間における「神の似姿」は、アダムの堕落によってその昔に失われてしまった。そして、この原罪は、世代から世代へと引き継がれてきた。しかも性行為によって。だから原罪は人類を破滅させ、永遠の死に引き渡す形而上のエイズウイルスのような作用をしている、というのです。

このような解釈は、人間の悪の資質と同時に、善への使命をも考慮するなら、多様な見方を認めていないことがすぐに分かります。もっぱら人間の罪深さだけに注意を向け、その高潔さは無視しています。さらに致命的なのは、罪がとりわけ性との関連で解釈されていることです。この性に関する事柄の固着こそが、教会の道徳教理にぎこちない、不自由な傾向を与え、本来の道徳上の問題点をあいまいにしているのです。道徳上の問題点とは、人間が時により善と悪との間を揺れ動くことにあります。本来、人間は善に向かう素質を賦与されているのです。とはいっても、人間は自由意志で自分の真の使命を決めることができます。であれば、自由意志で善から外れて、悪へ向かうこともまたできるのです。したがって道徳の問題点は、人間が必然的に悪であるということにあるのではなく、人間が自由であることにあります。ましてやその悪は性の問題などとはまったく関係がありません。この善行なり悪行への自由は、あらゆる具体的な意志行為に反映される、人間の基本的資質を成しています。

人間は単に罪を犯すことができるばかりか、その罪を、他人は言うに及ばず自分にも隠して、善人を装うことが巧みなので、批判眼のある、道徳上の自己啓発が生涯にわたって誰にも必要とされます。それが改悛の意義です。

65 最大の罪とは何ですか

伝統的カトリック教会には、古代の範に則って、七つの大罪のリストがあります。高慢、貪欲、嫉妬、憤怒、邪淫、貪食、怠惰です。諸々の罪を誘発するような大もとの罪は何かと問うなら、その反対を考えてみればいいのです。それはキリスト教が最高の善とするもの、すなわち愛です。愛の反対にあるものが自己本位です。

罪深きは、全てを自分に関連づけようとする意志です。罪深きは、イマヌエル・カントの表現によれば、周囲の人々に、そして周囲の世界に、ただ自分個人の目的のための手段を探し、他者の目的には気づかない人間のことです。そのような人間は、周囲の人々を自己愛の道具におとしめ、彼らを損ないます。そればかりか自分をも損なうのです。自分の中に捕われるからです。エゴの狭い、そしてどんどん狭くなるばかりの環の中で活力を失ってしまうのです。真の愛は、愛する者が幸せであることを願います。真の愛は、愛する者の幸せを助けるために自己の殻から飛び出し、そこに自己の幸せを、自己愛の真の充足を見いだすことを可能にします。

66 キリスト者は何をなすべきですか

あるとき一人の律法の専門家がイエスに、永遠の命を得るためには何をしたらいいでしょうかと聞きました。イエスは、その答えはすでに旧約聖書に書いてあると答えます。良き生き方の基本法則は念には念を入れた愛の戒めです。いわく、「心を尽くし、精神を尽くし、力を尽くし、思いを尽くして、あなたの神である主を愛しなさい、また、隣人を自分のように愛しなさい」と。（ルカによる福音書10・25〜27）。

67 キリスト者にとって「隣人」とは誰ですか

その律法の専門家が質問しました。「わたしの隣人とはだれですか」。

イエスはある話を彼に聞かせました。「ある人がエルサレムからエリコへ下って行く途中、追いはぎに襲われた。追いはぎはその人の服をはぎ取り、殴りつけ、半殺しにしたまま立ち去った。ある司祭がたまたまその道を下って来たが、その人を見ると、道の向こう側を通って行った。同じように、レビ人（神殿で祭司の補佐をしていた部族）もその場所にやって来たが、その人を見ると、道の向こう側を通って行った。ところが、旅をしていたあるサマリア人（イスラエル人と反目していた部族）は、そばに来ると、その人を見て憐れに思い、近寄って傷に油とぶどう酒を注ぎ、包帯をして、自分のろばに乗せ、宿屋に連れて行って介抱した。そして、翌日になると、デナリオン銀貨二枚を取り出し、宿屋の主人に渡して言った。『この人を介抱してください。費用がもっとかかったら、帰りがけに払います』」

この話の後でイエスは律法の専門家に尋ねました。「『さて、あなたはこの三人の中で、だれが追いはぎに襲われた人の隣人になったと思うか』」律法の専門家は言った。「その人を助けた人です」そこで、イエスは言われた。「行って、あなたも同じようにしなさい」（ルカによる福音書10・29〜37）。

68 同情に限界はありますか

善きサマリア人のたとえ話はたいへん親しみがもてるが、ひどく困惑する話でもあります。まず、ある人が未知の人を助ける状況はめったに起こりません。当然なのはサマリア人の行動ではなく、司祭やレビ人の行動のほうです。彼らは道端に倒れている人に目が行きません。そして通り過ぎます。もしかしたら負傷者に不快感を持ったか、それともなければ恐れたのでしょう。もしかしたら彼らは、「清浄」と「穢れ」とを区別する旧来の律法に従う義務があると感じたのかもしれません。そして神殿の仕事に携わる人間は「清浄」であらねばならず、死人などの「穢れた」者に触れて、自分を汚すべきではないと思ったのかもしれません。

サマリア人を際立たせるのは、彼がそのような律法に頓着しないことです。そもそも、原則的な道徳を考慮することになじみがない様子です。彼はイエスの話し相手の出発点となった質問にすでに答えています。彼は、神の意にかなうためには何をすればいいのかなどとあれこれ考えません。何をすべきかを知っているのです。そして、とっさに行動します。自分の気持ちに単純に従います。負傷者を見て気の毒になる。これがサマリア人の心にごく簡単なことを訴えました。憐れみをもて！　困っている人を助けよ！

これは聖書の中でもっとも有名なたとえ話の一つですが、独特の深みを有しています。そのことは、話の限界について問うときに、はっきりしてきます。この話の急所は限界をすべて破るところにあります。「隣人とはだれか」という質問に対して、「どの人も！」が答えです。善の限界はありません。宗教的にも、社会的にも、人種的にも、そのほかの何であろうとも、制限はないのです。どの人も我々の助けを必要とする隣人であり得るのです。

ところがイエスは、このいたって普遍的なモラルをごく限られた周辺地域の中で告げています。

その、限界のない隣人愛のメッセージは近隣のモラルです。小さな限られた環境で活かされ、パレスチナ近辺に留まります。じかに足下に横たわる人は見ますが、自分の視界の外にある人の困窮は考慮に入っていないのです。イエスは、遠いローマの奴隷の困窮に対しては、ゲルマン民族の粗野な暮らしに対してと同じく、あまり興味がありません。イエスはグローバルな視点は持たなかったのです。

それがイエスをこの現代から区別する点です。現代人は全世界にまたがる困窮に直面しています。地球の向こう側の悲惨な映像を「ライブ」で見ます。そして旧来の近隣モラルを遥かに超えてしまったと考え、感じます。現代人は遠隔のモラルに生きています。ところで、この遠隔モラルはイエスの唱えた隣人愛の、首尾一貫した進展でもあるのです。この遠隔モラルが新約聖書の倫理をそのあるべき理想の姿、すなわち全世界的な愛の倫理にするのです。

とはいえ、遠隔地に対するモラルは微妙な事柄でもあります。遠くの悲惨な映像に対する我々の受けとめ方で、そのことに気づかされます。映像の中の彼らはこちら側に同情心を起こさせるが、それはたったの一瞬だけです。彼らはこちらに訴えかけるが、ここから遠く離れた地にいます。それはただの映像であり、ほかの一時的な、うわべの刺激や偶発的大事件とたがわず、とことん自社の景気を追うマスメディアの産物にすぎません。我々は強烈な困窮の映像を目の前にぱっと示されます。同時にそれは自動的に遠くに保たれているのです。当然のごとく、と言ってもいいくらいです。というのも、世界的な困窮は理解力を打ち壊すからです。あらゆる尺度を超えるのです。我々はそのすべてに耐えることはできません。正直にそのことを認めなければなりません。善行をなすにあたっても、自己の限界を見極めなければならないのです。いざというときに、それを克服するためにも。

イエスの近隣モラルをこのグローバル化の時代にいかに活かすことができるか、それはキリスト教倫理の最大の課題の一つです。善きサマリア人のたとえ話はそれを解き明かしてはいません。けれど一つの方向は示しています。このたとえ話は読む者を落ちつかせない棘のような作用をしています。我々の視線を映像から肉と血で作られている人間へと向かわせるのです。そうして、善行をなすとはいかなることかを説き聞かせてくれるのです、それは先ず憐れみをもつことであると。しかも自分自身や身内だけにではなく、どの人に対しても。隣人とは誰なのか。苦しんでいる人はみな隣人であると。

69 なぜ生命に対して畏敬の念を抱かねばならないのですか

一九一五年九月に、プロテスタントの神学者であり熱帯林の医師であったアルベルト・シュヴァイツァーは赤道下のアフリカのオゴヴェ河を上っていました。彼は養生の必要な妻とランバレネ（今日のガボンにある）の診療所を後にして、ロペス岬の海岸に行っていたのでしたが、間もなく内陸のンゴモで病に倒れた宣教師の診療にあたるよう、呼び戻されたのです。シュヴァイツァーはすぐに旅を中断し、はしけ船に乗って河をまた上流へ遡ります。この船旅が彼にまったく予測もしなかった啓示をもたらすことになります。というのも、オゴヴェ河の船上で、彼の倫理学の根本概念が開かれたからです。

シュヴァイツァーは何年もニヒリズムと、つまり一切のものごとの価値の無さ、人生の意味の無さに対する哲学的洞察と取り組んでいました。どのような倫理的、宗教的原理が人間に再び生きる意味を与えることができるのだろうか。シュヴァイツァーはこの船旅を利用してこの根本問題について考えをめぐらせていました。

船中には私のほかに、数人の黒人がいただけだった。急なことだったため、私は食糧を携帯することができなかったので、彼らの鍋の物を一緒に食べることを許してもらった。船はのろのろと河をさかのぼっていく。乾期だった。それで大きな砂嘴と砂嘴の間の流れをさがしながら進んでいかなければならない。私ははしけ船の一つに座していた。この船旅で、我々の文化より大規模な倫理上の深みとエネルギーを持つ、一つの文化の台頭の問題に没頭することにした。ひたすらこの問題に集中しようとして、脈絡のない文を一枚一枚書いていた。疲労と困惑が私の思考を麻痺させせる。三日目の夕方、イゲンジャ部落の近辺の日暮れどき、はしけ船は一キロメートル以上も幅のある河の中を島に沿って進んでいかねばならなかった。左側の砂嘴の上を子連れの四頭の河馬が私たちと同じ方向に移動していた。するとそのとき、疲労困憊し、弱気になっていた私に、「生命への畏敬」という言葉が突然ひらめいた。私の知る限り、一度も聞いたことがなく、読んだこともない言葉だった。これは、私がさんざんに悩み、内に抱えていた問題の解決であるとただちに悟った。

（「生命への畏敬」A・シュバイツァー著、ベック社版より、高島訳）

「生命への畏敬」を感じとった人間が生命の根本原理を納得することによって、ニヒリズムを乗り越えられるのです。彼は、自分も含めすべての生き物が生きようとする意志を持っていることに思いを致すのです。この生命の意志において、人間であろうと、動物、植物であろうと、生きとし生けるものはみな結ばれています。こうして人間はその孤独から解放されるのです。自分はあらゆる生き物と一つであることを思い知るのです。そして正真正銘の、意義ある人生の目的を持つのです。それは、生命を庇護し、育成することです。

畏敬の体験はまずなによりも宗教的な現象です。人は無限や永遠、神との出会いにおいて畏敬を感じます。この宗教的な体験はまた倫理的な広がりを持ちます。畏敬を感じる人は、自分が限られた存在であることを知ります。自分は他者に制約されていないとはもはや思いません。自分が畏敬を感じる者を前にして無遠慮に意志を押し通そうとはしないでしょう。自分の意志を取り下げるでしょう。こういう意味からも、「畏敬」とは、古いキリスト教の「へりくだりの徳」に替わる言葉です。シュヴァイツァーの「生命への畏敬」という表現は、キリスト教信仰やキリスト教倫理の根本認識の現代語訳なのです。といっても特にキリスト教的な理由づけがされているわけではないので、他の宗教の信仰者や、宗教に関わりのない人々にも認められ得るものでしょう。

この「生命への畏敬」は、しかし、当然自明なことではありません。それには矛盾した何かがついてまわるのです。絶え間なく生成し消滅する生命それ自体は、まだ決して意義深いわけではありません。それに生命とは、また常に他の生命を犠牲にした生命なのです。シュヴァイツァーの、生命を護るのは善いこと、生命を殺すのは悪いことという、一見率直な行動指示は、もっとも単純な作業をするときでさえ不条理へと導かれてしまうのです。ある生命のための日常的行為はどれも、同時に他の生命に敵対する決定なのです。シュヴァイツァーは生命の不条理を解消できないことを認めざるをえないのです。

創造の意志が同時に破壊意志として、また破壊意志が同時に創造意志としてはたらく世界に、生命への畏敬の念を持って生きることとは、私にとって苦痛に満ちた謎でありつづける。

そもそも、ごくわずかな生物だけしか畏敬に類似した何かを感じる能力がないのです。

自然は生命への畏敬を知らない。自然は最高に意味深いやり方で無数の生命を生み出すが、この上なく無意味なやり方で無数にそれを破壊する。

人間だけが生命のこの自己分裂をみずから克服する状況にあります。もしそれを実行するなら、その人間は大きな幸福感を体験します。自己の意志を撤回し、他の生命を生かすなら、途方もない心の高揚を経験するのです。「あらゆる存在のもといとなる、無限の、底知れぬ、前方へ駆り立てる意志」に彼は心を打たれることでしょう。「我々と他の生き物の間の隔絶」が帳消しになったことを知るのです。人間は、他の生命に対立して勝利することからではなく、献身的に尽くすことから最高の幸いを得るのです。

もし私が昆虫を水たまりから救い上げるなら、生命が生命に献身することになり、生命の自己分裂は解消される。

70 なぜ苦難に対して畏敬の念を抱かねばならないのですか

キリスト教の礎となった人物は贅を尽くす王でもなければ、勝利を重ねた勇士でも、広く認められた律法学者でも、高貴な賢人でもありませんでした。それは、伝道の末に裏切られ、責め苦を受けた、司法殺人の犠牲者でした。そういう意味から、キリスト教にとって苦難は他の宗教よりもずっと大きな意味を持ちます。そこにこそ神秘の核心があるからです。言い換えれば、苦難は救済への門であり、死は新生の始まりなのです。

キリスト教のこの神秘を分かりやすい概念で述べるのは至難の業です。ここでもまた三つの形の畏敬に関するゲーテの『ヴィルヘルム・マイスターの遍歴時代』の話が理解の一助となるでしょう（問い19参照）。ヴィルヘルム・マイスターと息子のフェーリクスは、「教育州」で三通りの意味ありげな身振りをもって挨拶を受け、その意味について解き明かされた後に画廊に通されます。そこには三つの畏敬のうちの二つが表現された数多くの絵画が掛けられてあります。そのいくつかはイスラエルの聖典を題材としていることがわかります。それは、我々の上にある者に対する畏敬を象徴化しているのです。つまり全能の神の前でのへりくだりです。他はイエスの生涯から題材を得て描かれてありました。それは、我々同様の者に対する畏敬の模範となるものや、また鮮やかな色彩で隣人愛を描いたものでした。ヴィルヘルム・マイスターは画廊を通り抜けながら、もう一つの種類の畏敬を描く画家がいなかったことに驚きます。もしいたなら、我々の下にあって、キリスト教の焦点となるものに対する畏敬を描いたことでしょう。その絵は、「低劣、貧困、嘲笑、軽視、汚辱、悲惨、苦悩、死を、神的なものと認め、それどころか罪そのもの、犯罪を、障害としてではなく、聖なるものを促進するものとして敬い、愛する」ことが可能だとする下への視線に満たされていたことでしょう。そのための絵もあるにはあります。十字架にかけられたキリストの絵です。ところがこれは陳列されていません。「苦しみの聖者」を生徒たちに押し付けたくないというのです。

われわれは、その苦悩を深く敬えばこそ、それにヴェールをかぶせます。十字架と、そこで苦

しむ聖者を、神を恐れぬ者たちが見せ物として太陽に押しつけたとき、太陽は面を隠しました。[*39] われわれは、その光景を太陽の目にさらすのを、劫罰に価する破廉恥と考えています。神を恐れぬ者たちは、神の深い苦悩が秘められているこの深い秘密と遊び、たわむれ、飾り、このもっとも荘厳なるものを、卑俗な、味気ないものにしてしまうまでは手を休めないのです。

（『ヴィルヘルム・マイスターの遍歴時代』ゲーテ作、山崎章甫訳、岩波文庫、二〇〇〇年）

キリスト教に対して非常に微妙な、しばしば屈折した関わりを持ったゲーテが、苦悩への畏敬について語ったのは驚くべきことです。当然ながら、苦悩の光景は畏敬どころか、悪くすれば恐れ、不快感、嫌悪、良くても、あなどりと区別のつきにくい同情をよび起こします。キリスト教の信仰によってのみ人は苦悩への畏敬、敬意、尊敬、尊崇を感じるように導かれるのです。というのも、キリスト教の信仰によって、人間の苦しみの中にキリストの苦しみの投影を認めるようになるからです。そして、その人間の苦しみを「障害」としてではなく、「聖なるものを促進するもの」として見るわけです。

こうした「苦難への畏敬」の結果として何が生じるのでしょうか。古代や中世の人は、十字架にかけられたキリストに対する畏敬の念を、自らも故意に苦難を負うことで表しました。苦難を文字通り探し求める人までいました。しかしそれは今となっては昔のことです。「苦難への畏敬」の現代的意味は、人間の生命の尊厳にもう一つ別の見方を開いたことにあると言えるでしょう。人間の生命の尊厳は、今のつかの間の生活や楽しみや利用の価値によって量れるものではないということです。尊敬され、敬われ、助けられ、守られるべきは、強い、成功した生命だけではなく、弱く、病んだ、瀕死の生命にも等しくあてはまるべきことなのです。安楽死や安楽死の幇助に関する目下の議論においてこそ、キリスト教の視点から、「苦難への畏敬」がますます必要とされているのです。

†信仰心について

71 祈りにはどのような効果があるのですか

アメリカの作家アンブローズ・ビアス（一八四二〜一九一四年）にとって、祈りとは、「祈願者が品位を落とすことをみずからに認めながらも、天地万有の法則が自分に都合良く取り消しになることを要求すること」です。

祈りには、お願い、感謝、賛美、嘆きの四種類があります。願い求める祈りは、もっとも自然な、広く行きわたった、と同時にやっかいな祈りの形です。フリードリヒ・シュライエルマッハーがこのことをきわめて的確に述べています。彼は、願い求める祈りに対して、信仰心から嫌悪感を抱いていました。というのも、それは神の意向を曲げ、神を自己の目的に引き入れようとする試みにほかならず、その裏には、ひょっとすると祈りが神にじかに作用するかもしれないという、魔術的な想像を隠し持っているというのです。

祈りの多くに深いエゴイズムが隠れていることを誰が否定できるでしょうか。戦場で唱えられる数限りない祈りのことを考えてみればすぐに分かることです。敵対する両陣地から、勝利と敵の殲滅を請い願う祈りが同時に天に昇ります。祈りの多くは、神を利己的な願望成就の支援者にしようとする企みなのです。多くの祈願者は神に執拗に頼み込み、神と掛け合い、本来なら神には相容れないはずのことを説き伏せようとしているのです。

そういうわけで、シュライエルマッハーは願いごとを述べる祈りをカットして、礼拝式から締め出そうとしました。立派な結論ではありますが、人間の基本的欲求を見過ごしにしています。そんなに簡単に願いごとを禁じることはできないのです。人間は窮乏する存在だからです。実に多くのものが欠乏しています。不安でいっぱいの日々を過ごしており、どうすればよいか分からないのです。だから助けを求めて祈るのです。祈願は避けられないことです。では、キリスト教徒の祈りとはどうあるべきなのでしょうか。神にじきじきの影響力の行使を願うのは適切ではありません。それは魔術的であり、利己的であり、不信心です。そのうえ、普段の人生体験とも合致しないではありませんか。いったい人はどれほど何かを願い、そして何も起こらなかったことでしょう。

キリスト教徒の祈りの原形は主の祈り[40]です。これは七つの願いから成り立っています。その中で厳密な意味での願いごとは日用の糧《かて》だけです。では、その他はいったい何を願っているのでしょうか。「御名が崇められますように。御国が来ますように。御心が行われますように」。どのみち神にその意図があることがらを願っているのです。このような祈禱は、神にその意図を思い起こさせるためではなく、その意図に自分も含まれることを願っていると解釈すべきです。御国は求めなくてもおのずと来ます。だが自分にも来るようにと願うのです。主の祈りをもって、キリスト信仰者は神の承諾を願うのです。自分も神の意志に組み込まれようとすること、これがキリスト教徒の祈りの秘密です。神と共鳴し、自己の意志を積極的に取り下げ、神の意志のうちに自己のそれを実現する。神の前にいずこの者とも知れぬ物乞いになり下がるのではなく、神と一つに分かり合う友となるのです。このことを「生ぜしめる」ことこそが祈りの本来の目的です。

72 祈りは練習できますか

あらゆる高度の活動には訓練が必要です。楽器も初めから弾けるわけではありません。長い練習期間を経て初めて弾きこなせるのです。ひとえに集中訓練があってこそ、奏者は音楽を演奏する幸せを与えられるのです。祈りもそれと同じです。最初から胸中を打ち明けることはできません。礼拝の意義がたった一度の、偶然による参列では解せないのと同じことです。祈りは一定の規則正しさに生きるのです。人は祈りながらもほとんど、あるいは何も感知しないことがごく頻繁にあります。こういった宗教上の空しさの経験を克服するには、自由意志による規律が必要です。真に神と接触したという感情は、自身の努力の結果なのではありません。神が、その自由な恩恵から、みずからを啓示するのです。とはいえ、人間はこの神の啓示に向けて心を合わせておかなければなりません。こういった理由から、どの宗教でもそうであるように、キリスト教でもまた個人的な祈りに規則性と安定性を与えるべく、多くの慣習を作り出しています。食卓の祈り、ロザリオの祈り、子どものベッド脇でする晩の祈り、毎日の主の祈りなどです。

追記 これは、年長の子どもたちやまた大人たちのための、美しく好ましい夕べの祈りです。

夜の帳がおり、やすらぎのときが来ました。
神よ、わたしたちに平安を与え、心配ごとをおおい隠してください。
病人のもとにあって、痛みを和らげてください。
やすらぎのない人を、あなたの、慈父の心につなぎ止めてください。

わたしたちの隣人を危険からお守りください。
あなたの天使の群れがすべての子どもの道連れでありますように、
今宵の眠りをあなたのしじまで満たしてください。
重く、悲しい気持ちを取りのぞいてください。

あなたのもとでわたしは長い夜を守られます。
朝ふたたび歌わせてくださるのはあなたです。
来たる日々にみ旨が行われますように。
そして何が起きようとも、わたしはあなたとともに歩みます。

（高島訳）

73 「信じる」に代わる言葉が他にもありますか

ドイツ語の「信じる（glauben）」は、あいまいな言葉です。「知っている」や「考える」などの言葉と比べてみれば、「ほんとうだと思う」という語の、さらに弱まった意味にしかならないのです。このように見ると、「信じる」は、「知らない」けれど「ただ信じるだけ」という意味になってしまいます。けれど、キリスト教の信仰は、神学教義のどれかを確信なしに「ほんとうだと思う」ことではなく、強い宗教的な信念でありたいものです。こうした観点からすれば、「信じる」ことは、「確信をもつ」ことでなければなりません。神を信じることは、神の愛と恵みに確信をもち、自己の生活の理由と目的としての神にしっかりつながることを意味します。そうであるなら、「信じる」のもっとも美しい同義語は「信頼する」でしょう。

74 キリスト教の信仰は子どもの信仰でしょうか

子どもは、良かれ悪しかれ、信じやすいものです。子どもはまだ現実と空想とを厳密に区別することがありません。彼らにとって童話、伝説、神話は実際の話なのです。だから子どもは大人よりも容易に神を信じます。たとえこのような子どもらしい信心が問題を含んでいるにしても、またそれが一時のことであるにしても、そこには独特のキリスト教的な意味もまたあります。彼らが神の慈しみを待ち望む率直さ、無条件で神を信頼する能力などにより、子どもは大人の信仰の鑑なのです。

マティアス・クラウディウス（一七四〇～一八一五年）はその有名な夕べの歌「月は上りぬ」の五節目でこう作詞しています。

神よ、僕らがあなたの救いを見て
過ぎ去ることが無いものを信じ
空しいもので喜ばないようにしてください！
僕らを純真にさせ、
あなたの前で、この地上で
子どものように忠実で、陽気にさせてください！

（訳者不詳）

75 「守護の天使」の像はどこに注文できるのですか

どこのリストにも載っていないベストセラーの品物が少なからずあります。それなりのひそかなやり方があるものです。マスメディアやたくさんの店に顧みられることなしに、多くの、忠実な顧客を開拓しているのです。そうしたベストセラーの一つが、教会に近い「他の時代（Andere《アンデレ》 Zeiten《ツァイテン》）」という団体が販売する小さな青銅の天使像です。過去五年間に五〇〇〇個以上も売れています。

この団体は、キリスト教の広報活動を行っています。近代的なやり方の、大衆伝道と言ってもいいでしょう。ミレニアムの変わり目にあたり、新千年紀への道を容易にするべく、この団体でいろいろな礼拝用具の入った小さなボール箱が作成されました。その中にちょうど手に握れるほどの大きさの青銅の天使が入っていました。それは地味な、カトリック教徒によって作られたにも拘らずプロテスタント的に飾り気のないものでした。バルラッハ（一八七〇～一九三八年、表現主義の代表的彫刻家）風の動きのないもの静かな彫像で、上品ながらも暗示的な顔、休息する翼に縁を飾られた細い身体、控えめな祝福の身振りの両手。当今流行りの天使像からは抜きん出て見えます。元気よく楽しげな姿格好とはおよそかけ離れているのです。その厳格なまでの簡素さによって、羽を持った密教的な生き物の像だとか、あるいは消耗品的な安っぽい天使像などとは一線を画しています。しかも、そのつましさこそが見るからに多くの人々の心を打つのです。

そうこうするうちに、この天使像との体験を語る人たちの話が本にまとめられました。母親が瀕死の子どもにこの天使像を持って行かせた話、事故の被害者の手に牧師がこの天使像を握らせた話、ドイツ連邦軍の兵士がコソボへ出発する前にこの天使像を贈られた話……。これらの、しばしば感動的な話は、深い宗教的なノスタルジー、また保護、安心などといった思いがけない感情の証《あかし》となっています。それをもって、悪しき意味での「子どもらしい信仰」が説かれているわけではありません。むしろ、そうしたキリスト教の象徴の一つとの密接なふれ合いが、いかに信仰への道を新たに開いてくれるかを知らせています。「主はあなたのために、御使いに命じて、あなたの道のどこにおいても守らせてくださる。彼らはあなたをその手にのせて運び、足が石にあたらないように守る」（詩編91・11～12）

76 自然の中で神に出会えるものでしょうか

自然をどのように観賞するかは、結局のところ世界を総体としてどのように見るかにかかっています。海を見て安らぎを覚えるか、退屈に感じるか、星空を眺めて畏敬の念に沈むのか、それとも果てしない虚無の前で恐怖に襲われるのか、花開く植物を見て生命の尊さが納得できるか、はたまた存在の移ろいやすさを思うかは、常に世界観の問題です。自然をどのように体験するかは、要するに自己の宗教上の立場の問題でもあります。

キリスト教は自然宗教ではありません。その神はこの世の一部ではないのです。だから、本来は自然の中で神に出会うことはできません。このような基本的理解は、古代キリスト教の修道士たちをして、神に会うために俗世を逃れさせる原因となりました。彼らは生命の危険がある砂漠や暗い僧院に隠遁し、悪魔が聖水を恐れたように自然のあらゆる美を避けていました。しかしキリスト教の信仰によるなら、神は愛からこの世を創造したのです。そのことを彼らは忘れていました。そうであるなら、キリスト教徒は自然を憎むべきではなく、尊重し、手入れをし、楽しむべきなのです。喜びにあふれた「この世への信心」は、ごく基本的にキリスト者であることの一部でもあるのです。

このことはパウル・ゲルハルト（一六〇七～七六年）の賛美歌「わが心よ、出でよ」において、おそらく最高に美しく表現されています。その歌には、無心な、敬虔な、この世の楽しみが述べられています。わが「心」に楽しみを見つけるようにと促しているのです。「心」よ、道端の、いちずに美しいものに注意深くあれと。そこに目を向けるのは決してあたりまえなことではありません。この賛美歌が作られた一七世紀半ばの、三〇年戦争後の荒廃したドイツなら特にそうです。その上、作詞者の個人的な状況を思い浮かべれば、なおさらのことです。ゲルハルトはこの歌を子どもの一人を亡くした妻のために書きました。この暗い状況を前に、ゲルハルトの歌は驚くほど解放された明るさを繰り広げます。これは、悲劇的な過去や陰鬱な未来に捕われないよう、野外への道を探そうと努力する、再出発の歌です。

それは長い道のりです。だからこの歌も長く続きます。一五節までゆったりと根気よく進んでいきます。戸外で喜びを見つけるには忍耐と落ち着きを要するのです。

わが心よ、出でよ、喜びをみつけよ
神の恵みの
この愛しき夏に。

園の飾りに目を向け
そして我がため、君がため、
飾り立てた姿を見よ。

（訳者不詳）

「心」は嬉しげにあたりを見回し、植物や動物を認め、そのみじんも目的を持たぬ美しさを堪能し、ただひたすらに眺めます。樹々の緑の若葉、途方もなく富めるソロモン王の絹の衣さえ見劣りするほどに豪華な水仙やチューリップの装い。昔ながらの「嘆きの谷」が生命や色や音に満たされた地であることを発見します。サラサラ音を立てる小川、さえずる雲雀、天分の豊かなナイチンゲール、ブンブンうなりながら飛ぶ蜜蜂の群れ。このいろとりどりの生命が愛のうちに子孫を生み出すのです。世界中が繁殖し、子を育て、それを喜びます。この喜びは自然の偉大な力の全体像に合流してゆきます。夏の自然は激しい生命力にあふれ、蜜蜂の群れは「たゆみなく」、葡萄の果汁は「濃く」、麦は「ぐんぐん生長する」。この力強い生命力があらゆる感覚を呼び覚まし、「心」は揺り動かされ、新しい生の喜びに染まります。外面的な出来事は同時に内面世界へ帰結します。夏はそれを体験する者を染め上げるのです。彼は「憩うことができないし、また好まない」。そして「すべてが歌う所」で共に歌い、「神のために鳴り響くもの」を、遂には自身の心からも「流出」させるのです。するとその生は自由な流れとなります。この内面の流れは永遠の一瞬を内在しています。彼は自然の中でこの世界を超え、この歌の最終節において、美しい夏の時間から至福の永遠へと達してゆくのです。

77 キリスト教信仰者が疑念を抱いてもいいのでしょうか

キリスト教信仰は一人の人間の一生を決定づけるものです。ということは、人生の節目ごとに人間が変化しなければならないことを意味しています。青年期の、批判的な見方の芽生えとともに子どもらしい暢気な信仰が打ち捨てられます。次いで、成人の生活には多くの困難な、悲しく、不条理な経験がつきものなので、神の存在や正義、愛などを疑わないためには、不健全なほど堅固な信仰が必要となります。

しかし疑念は信仰に対抗するものではなく、信仰の一要素ですらあり得るのです。プロテスタントの神学者パウル・ティリッヒ（一八八六〜一九六五年）がこのことを筋道立てて述べています。「善行」を一切することなしに人は神に義認されるとしたルターの根本理解に、ティリッヒは疑念も関連づけようと試みたのです――疑念がごく自然なことである以上、義とされると考えて。というのも自分の堅固な信心と教会への忠実さを「善行」と考え、それによって神の愛を得ることができると考える、特別信心深い人たちがいるものです。そういった信心より、真摯な疑念はよほど誠実であるばかりか、義認信仰にも適《かな》うとティリッヒは説いたのです。「疑う局面が、それが神への疑いであったとしても、我々を神から引き離すわけではない」と。いや、その逆なのです。深い、経験を通しての、じっくり考えた疑念こそ、真の信仰への扉でありうるのです。

78 キリスト教徒はいかに死ぬべきでしょうか

宗教の真価を証明する最後の試練が死の問題です。人の生の終わりに、宗教が命のサポートとして何をなすことができるかが示されなければなりません。ある宗教が深い意味での「生きる術」であるかどうかは、「アルス・モリエンディ」、すなわち「死ぬ術」を示すことができるかどうかで証明されなければならないのです。人が死へただ引き渡されてしまうのではなく、恐怖を取り除いてくれる内面の力を有することこそ、昔も今も変わらぬ人類の大きな望みだからです。ところで、そのような往生術は、いったい有り得るのか。死は、そのために何かが「できる」ことが可能なものか。人は最後の「別れ」を習得することができるのか。それに、いったい誰が教えればいいのか。

マルティン・ルターはそれには懐疑的です。彼は、愕然とするほど徹底的に死の非情、孤独を書き述べています。

我々はみな、死へ強いられている。また、他の人の代わりに死ぬことは誰にもできない。それどころか、悪魔や死と戦うために、各人がそれぞれ自身の内に鎧を着せて、自分のために備えをしておかなければならない。我々は互いに耳元に大声で話しかけ、慰め、また忍耐、争い、戦いへと彼を奮い立たせることはできる。けれど我々は彼のために戦い、争うことはできない。それぞれが自身で防塁の心配をし、敵や悪魔や死に対して構え、そして独りで戦わなければならない。そのとき私はあなたの傍にいないし、あなたも私の傍にいないであろう。

（『教義学研究のための参考書』収載の「一五二二年の四旬節第一主日のマルティン・ルターの説教」より引用、高島訳、E・ヒルシュ著、グルイター出版社）

このように絶望的な状況にある人間にキリスト教の信仰は何を与えることができるのでしょうか。信仰は結局のところ、古代のある教父が書いたような「不死の薬」ではありません。信仰は単に「終わり良ければすべて良し」というものではないのです。永遠の命、来世での再会などの信仰それ自体はキリスト教に特有なものではなく、他の多くの宗教にも見られます。では、キリスト教の信仰が死にゆく者に与えることのできる特別な事とは何かと問われれば、それは、苦しみのキリスト像、そして復活したキリスト像のような、希望の像を人々の心に植えつける、その活力だと言えるでしょう。このようなキリスト像によって、キリスト教の永遠信仰は生き生きとしてくるのです。そのことをパウロはこう述べています。

わたしは確信しています。死も、命も、天使も、支配するものも、現在のものも、未来のものも、力あるものも、高い所にいるものも、低い所にいるものも、他のどんな被造物も、わたしたちの主キリスト・イエスによって示された神の愛から、わたしたちを引き離すことはできないのです。

（ローマの信徒への手紙８・38～39）

また、パウル・ゲルハルトはキリスト像の持つ活力を大作、受難のコラール「おお血と傷にまみれし御頭」で次の如くに詠っています。

主よ、主のもとに　かえる日まで、
十字架のかげに　立たせたまえ。
み顔をあおぎ　み手によらば、
いまわの息も　安けくあらん。

（賛美歌一三六番より）

79 キリスト教の信仰は人を幸せにしますか

人間はみな幸せでありたいと願っています。人間の行動はすべて直接あるいは間接的にこの目的に向かっています。幸せ探究への支えや方向を見つけだすため、彼らは宗教の方にも向いています。しかしキリスト教は自然な欲求を充たすための催し物ではありません。キリスト教の信仰は幸福の公式を持ちあわせてはいないのです。もちろん幸福への約束は包含しています。キリスト教が人々に説き勧める魂の救済こそが幸福の最高の形、真の幸福なのです。ところがこの目標へは、まっすぐな道からは到達できず、回り道するしかありません。それに、真の幸福は、幸せへの努力の完結としてあるものではないのです。いやむしろ、人はそれを得るためには、努力することから解放されていなければならないのです。ただひたすら幸福を得ようと邁進する者は、自己の内に留まり、飽き足らぬ自我にいつまでも執着します。神から真の幸福を受けようと望む者は、自我の枠から抜け出さなければなりません。新しい生は古い生を諦めた者のみが得るのでしょう。

この新しい生は、神、この世、そして自己の生き方への新たな視線に存するのです。この視線が神のうちに、遠くの、気まぐれな暴君をではなく、理解のある、愛の父を認めるのです。そしてこの世に、災いに満ちた涙の谷をもはや見ず、神の園を見いだします。また自己の生に、虚ろな、投げやりな、ただの生存ではなく、意義にあふれた存在を見いだすのです。この視線によって、四つの喜びの感情が放たれます。一つ、永遠の神を前にしての身の引きしまるような畏敬の念、二つ、万物の創造と自己のいのちへの感謝、三つ目は、自己の人生の良き摂理への信頼、そして四つ目に、時間を超越した神のもとでの永遠のいのちへの希望です。キリスト教信仰の幸せとは、畏敬や感謝、信頼、希望の中にあるのです。もし心の準備さえ整えば、人は神との隔たり、悪、災い、我意《エゴ》の狭量さなどから救い出されます。

†礼拝（ミサ聖祭）について

80 教会はなぜ今日これほど空いているのですか

当今、礼拝に訪れる人の数が非常に少ないことを嘆く声が高まっています。事実、いつもながら日曜日に教会に行けば、たくさん並んだ長椅子のそこここに散らばった小人数の信者に出会うだけということがあります。彼らは互いにも、また祭壇の前の牧師ともコンタクトがあるようには見えません。一緒に歌う賛美歌もうまくいきそうにありません。どんな信心の火花も重苦しい空虚に消えてしまいそうです。

平均すれば、プロテスタントの礼拝の方がカトリックのそれよりも参加者の数が少ないのです。それは礼拝式に関する理解が両者で異なることとも関連があります。カトリック教会では、教会に行くことが信仰の明白な表現とみなされます。そのため、礼拝式で自分の信仰を表す熱心な確固とした信者は、実践的カトリック教徒と呼ばれています。それに対して、実践的プロテスタント教徒という観念は存在しません。プロテスタントの理解では、信仰とは礼拝式への参加で表明される必要のない内面生活なのです。だからプロテスタントの信者は日曜日に教会へ行かずとも、自分を熱心な、信念を持ったキリスト教徒だと思うことが可能です。

今日、教会が空席だらけだと嘆いたとしても、むかしは良かったなどと言うべきではありません。こういった嘆きは教会史と同じほどに古いものだからです。端的に言えば、教会強制がなくなって以来、ずっとあったことなのです。国民が宗教的かつ社会的な管理下にあった頃は、日曜日ごとに教会に姿を見せなければなりませんでした。敵対する教派同士が隣り合って暮らしていた地域では、自分を他者からはっきりと区別するために定期的に所属の教会に通ったのです。けれども一八世紀の末頃から、教会強制や他者と区別する必要性は、大都市やプロテスタントの地域では急速に、地方やカトリックの地域ではゆっくりと弱まっていきました。

ただし、こうした展開を詳細に述べるのは簡単ではありません。礼拝に関する信頼すべき統計は、ようやく一九四五年に実施されるようになったらしいからです。けれど多数の聖職者の書き残した証言で、ずっと以前からすでに教会へ行く人の数があまり多くなかったことが指摘されています。一八四二年にハンブルグの首席牧師がこう嘆いています。「礼拝式は我らの教会生活の一番の弱点である。総じて言うならば、礼拝に列席することが重要な慣習ではなくなったことをもはや否定することができない」。彼自身は「一五年以上も前から毎週二日、誠意を尽くして抜かりなくこの仕事に専念している」が、今や「教会の意義の著しい減少に伴い、以前の一〇〇人に代わって五、六人が自分の前にひっそりと座っているだけだ。大工道具や手籠などを持った人間とか、その他、説教中に開いているドアから入り、好奇心から二分だけ留まってまた出て行く人間はもちろん数に入れていないが」と。一八五七年にある牧師は、ハンブルグの総人口のせいぜい三パーセントしか礼拝に行かないと見積もっています。

ところで、礼拝参加者の人数ばかりか参加の流儀までも変わってきています。一八世紀末期から、特にプロテスタント信徒の間に、選択的な教会詣でが形成されています。日曜日だからといって教会に行くのではなく、特定の祝祭日（クリスマス、復活祭、感謝祭、死者慰霊など）や、特別な形の礼拝（子どものため、またはバッハカンタータ、ジャズを伴うなど）、あるいは心を揺さぶられる災難に際しての追悼式（天災、テロなど）や評判の説教者の説教があるときに的を絞って教会に行くのです。これは納得のいくやり方です。つまるところ、ただ単に儀式化した義務で通うことには満足せず、れっきとした理由から教会に行きたいのです。

というわけで、古き良き時代を美化する根拠はありません。礼拝に訪れる人の数は傾向的には良くも悪くも昔とそれほど変わらないのです。

81 なぜ礼拝に参加しようとする人がこれほど少ないのですか

キリスト教の中心である礼拝は、あちこちで見捨てられてしまいました。まだ「機能している」ところでさえ、訪れる人の数はますます減っています。それには一連の外的、内的原因があります。まず、そのときどきの、柔なり硬なりの外的圧力が欠けていること。今どきの西欧の人間は、教会に通うことをアメリカ合衆国の人々ほどには期待されていません。いや、反対なのです。もし先週の日曜日に礼拝に参加したとでも言おうものなら、驚きと不審の念を呼び起こすことを覚悟しなければなりません。

教会通いが当然なことではないもう一つの原因は、時代の変化にあります。労働と休息の面が昔ほどはっきりと、また普遍的に区別されなくなりました。日曜日の午前中が休息と静寂の時間ではなくなったのです。さらに休暇の行動も急速に変化しています。より速く、より変化に富み、より行動的になっています。このことが「日曜日の一〇時」という典型的な礼拝時刻への共通の申し合わせを困難にしているのです。

けれど一層重大なのが内面的な原因です。礼拝に自覚をもって参加するには一定の教育と訓練が前提条件として必要になります。これが世代から世代へ受け継がれていないのに、教会学校だけでそれを教え込むのはほとんど不可能です。かつて、いとも自然に宗教上の知識や儀式上の訓練を施した家庭や学校がこの務めをもう果たしていません。教会には荷が重すぎます。教会は自分だけではつくり出せない教育という前提条件によって支えられるのですから。

ところが変化したのは前提条件だけではありません。大体にして、見て、聴いて、理解する形態そのものが変わってしまいました。今日の文化を引っぱるメディアはテレビです。視聴者は聴覚的、かつ視覚的な刺激の瞬時効果に慣らされています。一幅の絵や思索の対象に集中し、感じ取る長い段階には、ほとんど耐えられないのです。当然ながら礼拝は古めかしく退屈に見えるにちがいありません。礼拝はその本質上センセーションを巻き起こすものではなく、刺激に乏しいからです。一回だけの強烈な効果を狙わず、繰り返しや、故意に選んだ単調さを大切にします。特にプロテスタント教会においては、長い、そして望むらくは思想豊かな説教を聞き、頭を敬虔に働かせようとする参列者の心構えが重要になります。

アメリカ合衆国の自由教会は、テレビの娯楽番組の要素をもって礼拝を肉付けすることで、この問題に最初に反応しました。たとえば、テーマの重点、ポップミュージック、ニュースキャスター、トークショー的要素などといった点に配慮しています。また先代のローマ教皇ヨハネ・パウロ二世もテレビ時代に順応し、荘厳な歌ミサを大衆のイベントとして「グレゴリアンポップ」風に演出し、自らもスターゲストとしてファンを熱狂させました。この戦略は部分的には成功しました。しかし、ある一定の様式の枠を越えてしまうことも稀ではないのです。それに、礼拝からまったく本質的なもの、静寂、沈黙、黙想などというものを奪うおそれがあります。テレビ礼拝があるべき姿の礼拝、言うなれば精神生活の集結点になることは到底不可能です。

それでは沈滞している礼拝式の構成はいかに再建されるべきなのでしょうか。最良の処方箋などないのです。けれど礼拝式をより一層美的な様式のものとして扱うことに、その第一歩があるのかもしれません。そうすることによって、場所、形式、言葉、音楽のためにさらに苦心し、調和のとれた、人の心に訴える様式を見つけようと努力する結果につながるのではないでしょうか。そのような様式とは、新と旧の形、古代のものと近代のもの、未知のものとポピュラーなものの両方が互いに結び合わねばならないでしょう。しかしそのような様式を個人で開発することはできません。それだけに、牧師が独り自分の静かな小部屋で準備を済ませてしまうのではなく、他の人たちと共に準備して、礼拝を執り行なうことが一層大切になってくるのです。

82 今日の礼拝式を原始キリスト教の儀式と今なお比べることができますか

原始キリスト教の礼拝に関して分かっていること、それは非常に自由であり、規則がなかったということです。ところが、祈りや歌、福音を伝えるメッセージ（説教）や聖餐（聖体の秘跡）などの要素を含んだ特定の儀式がじきに形成されたのです。そして、古代の密儀や生贄思想からの影響が強くなるにつれ、儀式は明快に、厳格になっていきます。信徒と祭司も互いに離れていきました。

キリスト教が国教としてその目的を達成すると、原始キリスト教の礼拝式に特有の習わしを引き継ぐことになりました。礼拝式を公式と非公式の部に分けたのです。公式の部には受洗した人たちと、教会を支持するけれど受洗はしていない人たちの両者が参加しました。が、主要な秘跡の部、いわゆる非公式の部からは受洗していない人たちは閉め出されました。このような区分けは、礼拝参加者の圧倒的多数が幼児洗礼を受けていた時点で意味を失いました。

ところが、その先もそのまま維持されたものが、礼拝式における二つの重点、すなわち説教の部と聖餐の部との明確な区分です。教派や信仰によってその重要度や秩序づけは違います。古代や中世の教会では、聖餐が礼拝式の中心事になっていました。説教はもし忘れられなかったとしたら、短く、ついでにつけ加えられたにすぎませんでした――それは東方教会では今もって変わりがありません。説教の価値が著しく引き上げられたのは、まず中世の托鉢僧によって、そして次に宗教改革によるところが大きいのです。祭式などの一切の行為なしに、(ただ信仰によってのみ)人は神に義とされるとの福音を、説教によって教会員に深く理解させる義務があったからです。それでもルターはまったく祭式なしにすませることを望みませんでした。彼は説教の価値は切り上げましたが、伝統的な聖餐をその後も温存したのです。つまり礼拝式の改革に際して、ルターは、従来のミサ聖祭の基本形式には手をつけなかったのです。単に生け贄の神学(訳注14参照)と「義の行為」を意味するものを全て排除しただけです。さらにルターは教会への参加を奨励し、コラールの合唱のために大部屋を提供し、自身も新しい賛美歌を作詞しました。それゆえ、ルター派の礼拝は妥協であり、古代および中世のミサ聖祭の要素と新たな純粋なプロテスタントの要素との混合です。

礼拝の形式にきわめて過激に介入したのがカルヴァンです。彼の見解では、礼拝のすべての構成要素は聖書にじかに根拠づけられるべきなのです。その結果、教会の中を片づけさせて空にしました。聖人やマリアの画像は言うまでもなく、オルガンや祭壇までも取り除かれました。教会はもはや聖なる場所ではなくなり、教会員の集会所にすぎませんでした。カルヴァンは伝統的なミサ聖祭をきれいさっぱり廃止したのです。彼が作り上げた礼拝の形式は、もっぱら説教と祈りと賛美歌から成り立っているのです。聖餐は年に四回行われるだけです。

その後の時代は、カトリック教会もプロテスタント教会も、福音を伝える説教と聖餐の秘跡との間を、また合理的な極と典礼上の極との間を、交互に振り子のごとく揺れ動くこととなります。ことにプロテスタントの場合は、啓蒙主義者や敬虔主義者が礼拝の重点集中を目指し、説教を保護します。一九世紀から二〇世紀にかけてのさまざまな典礼修復運動では、秘跡の部の価値を回復させ、旧い礼拝形式を復活させようという試みがなされています。カトリックの教会では、厳格な、伝統的な形式のラテン語ミサが長い間支配的でした。しかし第二ヴァチカン公会議（一九六二〜六五年、カトリック教会の現代化を目的に開かれた会議）がここにまったく新しいアクセントを置くことになります。まず会衆の参加が奨励されました。教会からラテン語が追放され、国語がそれにとって変わったのです。礼拝が理解されねばならないことを確認したのです。それから一世代を経た現在、カトリックのミサ聖祭からの、かつての「理解できずともうっとりさせる魔力」の追放を惜しむ声が少なくありません。

キリスト教の礼拝は、中心が一つあるのではなく、楕円のように、秘跡と説教、典礼的なものと合理的なものとの、二つの焦点に支えられているのです。礼拝の未来は、二つの極をつなぎ合わせること、言い換えればキリスト教信仰を分かりやすくアクチュアルに伝えると同時に、その古典的な美を目の前に鮮やかに示せるような形式をみつけ出すことができるか否かにかかっているといっても過言ではないでしょう。

83 礼拝式を理解するためには、どんな外来語を知っておくべきですか

「グロリア・パトゥリ」は、「父に栄光あれ」のラテン語、詩編による賛美歌。

「キリエ・エレイソン」は、「主よ、あわれみたまえ」のギリシア語。

「グロリア・イン・エクセルシス」は、「いと高きところには栄光、(また、神の恵みに感謝)」のラテン語。

「ハレルヤ」は、「主を賛美せよ」のヘブライ語。

「クレド」は、「われ信ず」のラテン語、使徒信条、信仰告白の発句。

「アーメン」は、「まことにその通り」のヘブライ語、祈りの終わりに唱える確認の言葉。

84 礼拝式にはどれくらいの時間がかかりますか

礼拝式にどのぐらいの時間がかかるかで、その教派を当てられるものです。

東方正教会では、正式の礼拝式には三、四時間ほどかけます。「聖金口イオアン聖体礼儀*41」は耐久力と相当の不動能力を要するのです。正教会で座席を探しても無駄です。信徒は立ったまま「聖なる演劇」を、つまり目の前で催されるパートを観賞します。典礼の主要な部分は非常に神聖だと

され、イコノスタスと呼ばれるイコンの壁の背後の至聖所でとり行なわれます。だがこちらは会衆、あちらの内陣には司祭たちといった典礼場の分離は信徒との隔たりを作るばかりか、さまざまな絢爛たる衣装の聖職者たちが何度も登場しては退場する、きわめて見がいのある機会をも取り上げてしまいます。ほぼ全般的に歌われる合唱隊や聖職者の聖歌は大いに楽しませてくれるが、会衆は歌わず、クレドと主の祈りを唱えるだけです。これらの、おそらく初めは単調に聞こえる歌は、イコンや衣装や金色の壁や天井など、観るべきあらゆるものと相まって、壮大な宗教オペラか、でなければ神聖な空間と時間を生み出しています。ここでは聖体礼儀はただの敬虔な信徒の集会を超えた、いわば神の現在化、その永遠の命の模写と反照、この世の天国の正真正銘の断片なのです。そのための三、四時間は、本来ならいかにも短いのです。

それとは異なるのが西欧の、特にプロテスタント教会です。ここでは礼拝は、普段の生活に新しいエネルギーとオリエンテーションを与えるべき、日常の中断です。だから礼拝式はどちらかと言えばありふれた平凡な感じです。また、教会員が早めに日常生活に戻るようにと短めです。礼拝は教会員による神への奉仕ではなく、神の教会員への奉仕と理解されています。それで、信者の精神的欲求や習慣に多くの配慮を示します。礼拝には、六〇分が平均的な時間配分です。ほとんどの人は、一七、八世紀の先祖の習慣だった、一、二時間続く説教に耳を傾けていることなどもうできないでしょう。これは現代のメディア社会で聴覚習慣が変わったことに起因します。注意力の幅がひどく狭くなったのです。説教者もそれに最大限に従っています。一回の説教は、何を越えてもいいが、二〇分を越えることだけはできないのです。

西欧のカトリック教会でも事情はまったく似かよっています。ここでもまたミサは「耐えられるほどの」長さに短縮されました。プロテスタントの礼拝式に比べれば、聖餐の部は伝統上長いけれど、説教は短めです。とはいっても、昨今はプロテスタントの牧師の多くも彼らの先輩たちより説教がずっと短いし、それに以前より頻繁に聖餐の部も実行しているので、カトリックとプロテスタントの礼拝式の差は縮まっています。

85 秘跡（サクラメント）とは何ですか

カトリック教会には洗礼、堅信、婚姻、終油、告解、聖餐、叙階の七つのサクラメント、すなわち秘跡があります。

プロテスタントの教会には二つの秘跡（聖礼典）があります。洗礼と聖餐だけが秘跡の福音書的な基準を満たすという理由からです。そもそもこの二つは、聖書によればイエス・キリストによってもたらされ、水、パン、葡萄酒といった具象的なシンボルや、三位一体の洗礼授与の言葉（「私は父と子と聖霊のみ名によってあなたに洗礼を授けます」）と聖体制定の言葉（「わが主イエス・キリストは、裏切りに遭った晩にパンを取り……」）などの霊的な言葉を拠りどころに、成り立っています。

聖餐に関しては教会間に隔たりがあります。多くの教会が聖餐に他の教会の会員を受け入れていません。それに対して洗礼は共通の秘跡です。たいていの教会が他の教会の洗礼を認めています。

86 洗礼はいつ受ければよいのですか

聖餐と違い、洗礼は人生でただ一度のできごとです。では、いつ受洗すればよいのでしょうか。古代では大人の受洗がきまりでした。たまに、大人と子どもを含めた一家全員に洗礼を施すこともありましたが。ある特定の身分階級や職業グループに属する人たちはかなり遅く、ときには臨終の床で受洗する風習もありました。当時の考え方によれば、洗礼とは完全に新しい、潔白な生活に入ることです。このことは、洗礼式において、サタンに対する形式上の拒絶や、白い亜麻布のローブをまとう受洗者の着衣にも見られます。そこで兵士や政治家といった職業から、洗礼後に再び汚れて洗礼の恩寵を失う懸念のある人たちは、洗礼をできる限り後に引き延ばそうとしたのでした。

六世紀以後、徐々に子どもの洗礼、あるいは幼児洗礼が主流になってきます。当時の子どもの死亡数を考えてみればうなずけるのですが、受洗していない幼児が早世して永遠の不幸に陥る危険を人々は恐れたのでした。

ルターは、幼児洗礼を支持していましたが、そこに新たな神学的意義も加えたのです。自分では何もできない幼児の洗礼は、何の善い「行い」をせずとも神が人間を救済することをことさら感銘深く示していると。

幼児洗礼に反対したのは宗教改革の急進派でした。この、「再洗礼派」は、キリスト教会への加入はみずからの自覚による決定でなければならないと強く主張しました（問い57参照）。そこで幼児期に洗礼を受けていた人は全員、再び洗礼を受けなければならないことになったのでした。

バプテスト派や自由教会派のプロテスタント教会では、信仰上一人前になった青少年期に洗礼を授けています。

ルター派プロテスタントの州教会では、この年齢層に対して堅信式が行われます。幼児期に受洗した青少年が自己の決定にもとづいて、長期の教会教育を受けてから堅信式に臨み、自身の洗礼の確認をするのです。この慣習は一八世紀の啓蒙運動と敬虔主義とによって達成されたものです。

87 聖餐はどのように受ければよいのですか

聖書の語るところによれば、イエスは最後の晩餐を弟子たちと次のように過ごしました。

一同が食事をしているとき、イエスはパンを取り、賛美の祈りを唱えて、それを裂き、弟子たちに与えながら言われた。「取って食べなさい。これはわたしの体である。」また、杯を取り、感謝の祈りを唱え、彼らに渡して言われた。「皆、この杯から飲みなさい。これは、罪が赦されるように、多くの人のために流されるわたしの血、契約の血である。言っておくが、わたしの父の国であなたがたと共に新たに飲むその日まで、今後ぶどうの実から作ったものを飲むことは決してあるまい。」

（マタイによる福音書26・26〜29）

その後のキリスト教史の中で、様々な聖餐のしきたりが作られました。多くは、その悪用に対する反応だったり、ある種の懸念の結果でした。カトリック教会などでは杯の葡萄酒は司祭用に限られています。おそらく平信徒が「キリストの血」をこぼすのではないかと危惧したのでしょう。また信徒のほうもしばしば聖なるものに臆して自分から杯を取るのを避けたようです。「キリストの体」であるウエハースのホスチア（聖体）は、信者の手に渡されるのではなく、舌の上にじかに置かれます（最近は改正されて、信者が手に受けることができるようになっている）。

東方正教会でもこれに匹敵する展開がありました。聖体を、例えば家に持って帰って豚に与えるとか、魔術的目的に使うなど、悪用する者がいるのではないかと恐れて、信者に直接渡すことはなくなりました。その代わりに一片のパンを杯に入れます。信者が祭壇の前に進み、自分の洗礼名を名乗ると、助手が信者の口の下に布を当て、司祭が金の匙で杯から葡萄酒に浸されたパンの一片を掬《すく》って、信者に「食べさせる」のです。

一方、宗教改革者たちは平信徒に杯を返しました。以後、プロテスタントではパンと葡萄酒の両種拝受の聖餐が授けられています。けれどここにも制約ができました。といっても、聖なるものに臆したからではなく、衛生上の理由から、あるいは衛生的だと思うからという理由でした。文明が進むにつれ、一つの杯で共に飲むのが問題となったのです。皆が嫌悪し、感染を恐れました。それが次のような結果を生んだのです。ある教会では、ワインは蒸留酒《シナップス》のグラスなどの、個々の杯に入れて手渡されます。他の教会では、信者は杯から飲まずに、ウエハースをワインに浸したのです。さらに他の教会では、杯は数人が飲むとすぐにきれいに拭います。するとワインはひときわ消毒液の味がするのでした。

現代のプロテスタント教会に独特の風習は、葡萄ジュースをワインの代用としたことです。さもなければアルコール中毒者は聖餐式に参加しないだろうと案じ、皆の前で杯を避ける気まずさを省いてあげようという理由からです。しかし、もし教会でないとしたらいったい他のどこで、断酒中のアルコール中毒患者が気まずい思いをせずに持病を示すことができるのだろうかと問うてみたいものです。

88 女性は教会で発言してもよいのですか

イエスの周りには男の弟子だけでなく、女の弟子も集まっていました。原始教会でも聡明な女性は重要な役割を演じていました。ところが教会成立後に設けられた新たな教会職から、女性は閉め出されています。女性司祭などありえないと思われたのです。父権制的な生活構造のほかにも、女性特有の、月経の「穢れ」といった旧弊な異教の観念が、女性が祭儀に必要とされない理由だったのかもしれません。それに加えて、「婦人たちは教会では黙っていなさい」(コリントの信徒への手紙一 14・34)という使徒パウロの言葉を男たちは盾に取っているのです。しかしこの発言が決して原則的な表現だったわけではなく、紛糾した教会の特殊事情への反応だったことを考慮すれば、慎むべきです。

確かに多くの教会では、女性司祭や女性説教師などは、現在でも想像しがたいことのようです。もっぱら啓蒙されたプロテスタント教会だけが、長い戦いと努力の末に、女性が同権の教会員として認められ、その結果少なくとも原則上はあらゆる教会職に門戸が開かれています。

89 教会建築物はどのような方向づけがなされているのですか

礼拝式だけが人々を新たに方向づける役割を持っているのではありません。礼拝が行なわれる建物にもまた方向づけされた印象を与えるべきです。このことは、遠くから眺める教会の塔がすでに物語っています。塔の機能は、音響効果のために鐘を高く掲げることだけにあるのではないのです。世俗の建物の上にそびえ立ち、上空へ鋭く走る塔は、人間の視線と思考を天に向かわせます。このような方向づけは教会の内部にも用いられています。天井の高さや、何も生産されず、経営されず、商われず、実用的な役目を一切負わない室内の広さからして、すでに人々に自由の感覚を抱かせ、言葉の深い意味で意識を取り戻させるのです。

教会建築の基本形は、建築様式上に信仰への道が表現されることです。教会へはたいてい数段上がって入りますが、それは神聖な次元へ上昇することを象徴しています。かつては入り口のすぐ傍に洗礼盤が置かれてありました。洗礼がキリスト教徒の信仰生活への入り口であることを表すためです。引き続いて、広く大きな長方形の中廊に席を取ります。ここは会衆の場所であり、期待の場所であり、説教の拝聴、賛美歌の合唱、祈禱などを通して聖体拝領の準備をする場所でもあります。ここで信徒は祭壇へ進む道への心構えをするのです。祭壇は中廊の東側の奥に接した後陣に、つまり教会堂の奥の張り出しドームにあります。ということは、会衆は東方を向いて、復活したイエス・キリストのしるしとして、新しい日の光を見ているわけです。教会の東向き建築自体がすでに方向づけになっているのです。後陣はおおむね明るい色調を与えています。会衆は暗いところから明るい場所を見るわけです。説教の後で信徒は前に進み、祭壇のある場所へ数段上がると、神の現臨の象徴の、祭壇の前に立ちます。ここで信徒は食を「満たされる」のです。それからまた中廊に下り、祝福の言葉を受けた後、向きを変えて、日常の生活に戻っていきます。

90 なぜ教会には独自の暦があるのですか

人間の生活には、自然のリズムに従って暦が設定されています。教会の生活には、教会祭事のリズムに従って救済史が設定されています。通常のカレンダーとは別に、四週間ずつ一二カ月には区分されず、また一月一日に始まり一二月三一日に終わらない教会暦年が存在するのです。

教会暦年は時間をかけてゆっくり発達してきました。春の過越し祭[*42]の時節が最初の基準点になりました。ユダヤ教の過越し祭は、キリストの受難に関わりがあるためキリスト教化しました[*43]。それは断食および洗礼準備の期間でした。けれどキリストの復活に関しては、まだ初期キリスト教の過越し祭のテーマにはなっていませんでした。それは、復活の朝に始まり聖霊降臨祭にいたる喜ばしい五週間の、ペンテコステ祝祭期（ユダヤ教の五旬節、収穫感謝祭）の一部だったのです。それとは関係のない一つの祝祭が、エジプトで発生しています。それが公現祭（一月六日）で、キリストの生誕と受洗が祝われていました。

四世紀になると、復活祭の日曜日が、ペンテコステの祝祭期から過越しの祝祭期に移動されて四旬節（復活祭の前の四六日間。受難節）となり、四旬節の終了および目的を形成することとなったのです。四旬節はその後もますます手を加えられ、ところどころ途中のクライマックスも付け足されます。それによって、復活祭直前の聖週間と呼ばれる一週間は、キリストがエルサレムへ上ったことを記念する枝の主日で始まり、聖木曜日にはイエスと弟子たちとの最後の晩餐を思い起こし、そして伝統的にプロテスタントの最高の祝日である聖金曜日には、イエスの十字架の死を思い浮かべることになるわけです。復活祭の朝へ続く聖土曜日の晩は、復活の光を待ちわびる特別礼拝、復活祭前夜ミサが挙げられます。これは昔からもっとも大事な洗礼日でもあります。このように過越しの祝祭期と復活祭の形を整備した結果、ペンテコステ祝祭期が犠牲になり、復活祭の時節を完了する聖霊降臨祭だけに縮小されてしまいます。

キリスト降誕祭は、初め非キリスト教的なローマの冬至祭に代わるものとして、明らかに後になって成立したものです。一二月二五日に始まるこの西洋の祝祭はオリエントの公現祭と結びつきます。その結果、公現祭は意味を失って、三人の聖なる王としてよく知られた東方三博士のイエスにたいする礼拝記念日に変貌してしまいました。

これらの重要な祝祭とともにその間の橋渡しも見つけた教会暦年は、クリスマスの準備期間である待降節をもって始まり、新年という世俗の中間クライマックスを経て、公現の祝日に行き着くのです。そしてこの後に四旬節がつながり、それから復活祭に至ります。復活祭の後は昇天祭から聖霊降臨祭へと続きます。聖霊降臨祭後の行事はあまり多くはありません。神の三位一体がテーマの三位一体の祝日は、教会内でさえほとんど銘記されていないほどです。長い三位一体の祝祭期の終わった秋や冬の始めに、再び特別な祝祭や記念日があります。収穫感謝祭、ざんげと祈りの日（新教の祭日、一一月中旬の水曜日）、ならびに教会暦年をしめくくる死者の慰霊日などです。

カトリック教会ではこの暦年はマリアと聖人の祝祭日でさらに強化されます。

他の宗教との関係について

91 未来のキリスト教徒は神秘家になっているのでしょうか

二〇世紀の著名なカトリックの神学者の一人、カール・ラーナーは次のように予言しています。「未来のキリスト教徒は神秘家になっていることだろう、そうでなければキリスト教徒そのものが存在しないかもしれない」と。「神秘家」とは、宗教史上のもっとも曖昧な概念の一つです。ラーナーが言わんとしたことは、従来の教会主義的キリスト教は現代においては終焉に近づいたとの、感想であり予測だったのです。確かに信者は、何はともあれまず教会の権威者や正典に自分を合わせようなどとは、もう思っていません。彼らにとって、信仰は従順とはまったく別のものなのです。教会の規程から解放され、定められた儀式を離れて、自分なりに信じようとします。彼らは神を自身で自らの内に体験したいのです。かつての厳格な教会信仰は消失しつつあります。より個人的に、柔軟なものになっています。古びた境界を乗り越えて、他の教派や宗教の内にも同じ志の人や刺激になるものを見つけ出しているのです。こういった点から見れば、今日のキリスト教徒の多くは、確かに神秘家であると言えるでしょう。それにまた、キリスト教の神秘家の範囲さえ乗り超えてしまい、ポスト・キリスト教的「密教徒」になってしまった人も少なくありません。

その限りでは、ラーナーの予言は正しかったことを証明しています。とはいえ他の観点からいえば、ラーナーは大げさに言い過ぎています。神秘家とは、個人化だけにとどまらず、質的に非常に優れた宗教性も象徴しています。真の偉大な神秘家は、全生活を宗教体験に捧げた修道僧や苦行者でした。彼らは、神を一人で「なんとなく」感じるのではなく、神の存在を考えようとする思弁的知識人でした。また彼らは、宗教的にぎりぎりの体験を大胆な文で表現する、秀でた言語芸術家でもあったのです。その苦行への没入、その思想の豊かさ、その表現の力強さは、今日の彼らの後継者には無縁のものです。今日、神を教会の壁の外でまったく独りで体験しようとする者はたいていの場合、犠牲的行為をせず、大きな知的、美的追求もせず、むしろついでに、片手間に、何かの折りに、そして一時的にするだけです。そんなわけで、二一世紀初頭のキリスト教徒は、西ヨーロッパでは、神秘家のほうがのらくらものより少ないのです。

92 キリスト教を東洋の宗教と比較することができますか

遅くとも五〇〇年前の大探検時代以降、キリスト教が唯一最大の世界宗教ではないことを私たちは知っています。キリスト教は古代期の多神教的民族宗教や密儀宗教を制し、ユダヤ教を遥かにしのいでいます。イスラム教によって、中近東や北アフリカの古くからの勢力圏を大幅に失いましたが、その、ヨーロッパへの大々的な進出は防いだのです。それにまた近代の始まりとともに、政治的にも文化的にも再び追いこすことが可能です。ところで西洋の文化圏の向こうにある東方の地平圏に、宣教活動の努力にことごとくあらがって成果をあげた印象深い宗教が見られます。

それでは、キリスト教はヒンズー教や仏教との関係をどのように定義すべきなのでしょうか。両者ともに、ヨーロッパの範疇では言い表しがたいような宗教形態を見せています。キリスト教はユダヤ教とイスラム教とは共通の歴史的地平圏内に立っています。キリスト教はユダヤ教から生じ、イスラム教はキリスト教とユダヤ教から発生しました。そのため歴史的つながりや宗教が本質とするものについて、似かよった理解を分かち合っています。ところが、この両方ともがヒンズー教にも仏教にも当てはまらないのです。東洋のこの二大宗教は、キリスト教と少しも接点のない、深い、古い根源を持っています。共通の歴史もなければ、宗教上の共有概念もありません。ヒンズー教は、西欧の見学者がたちまちめまいに襲われそうな、千差万別の矛盾だらけな像を大量に所蔵しています。ヒンズー教はいったい統一された宗教として描写できるでしょうか。むしろ諸宗教の完璧なコスモスなのではないでしょうか。仏教もまた、キリスト教の理解に従えば、宗教を形成するべき二つの根本原理なしにすませています。すなわち、仏教は神信仰も個人の霊魂の概念も知らないのです。西洋風に考えれば、宗教の意味は人間の霊魂が神への関わりを持つことにあります。神も霊魂も知らない宗教の意味とはいったい何でしょうか。仏教もヒンズー教もキリスト教と等しく宗教ではあるが、まったく異った意味における宗教なのです。

何もかもが未知ではあるものの、ある種の類似点も見られます。キリスト教の神秘主義を思い出させる観想的な信心と、救いへの努力といったものです。その限りでは、キリスト教と東洋の二大宗教との間に建設的な議論への一定の接触点はあります。といっても、それは異国の文化や生活についての異なった基本理解に織り込まれているので、真の比較は無理でしょう。ましてや、ヒンズー教や仏教に対してキリスト教のほうが「より高い」とか「より良い」宗教だと証明するなど、まったく不可能です。「高い」とか「低い」、あるいは「より良い」とか「より悪い」と決定する基準からして、いつもの如くすでにキリスト教的なのですから。

93 キリスト教は絶対の宗教ですか

キリスト教が宗教上のライバルに直面するようになって以来、神学者は自己の宗教を最良のものだと証明することを任務としています。近代以前は、これは比較的簡単な仕事でした。イエス・キリストは唯一真の、決定的な神の啓示をもたらした、ゆえに他のすべての宗教は間違っており、誤った信心に捕われている、と主張すれば事足りました。近代になると、特に一九世紀には、神学者やキリスト教哲学者はいくぶん精妙にことを進めました。彼らは他の宗教を原則的に認めましたが、宗教史の発展過程の構想を立てて、他の宗教をキリスト教の前段階に配置することにしたのです。その基本型はこうです。宗教史をまずアニミズム的な自然宗教でスタートさせ、その次に多神教の民族宗教が続き、それを超えてユダヤ教やイスラム教などの一神教的律法宗教が起こり、それをさらにキリスト教の一神教的救済宗教が乗り超えたとするものです。最後に来るものが絶対宗教だとしたのです。ところでこのような視点の宗教史は、ひどく図式的であり、他の宗教に公平ではありません。その上、そこには東洋の宗教が含まれていません。一体全体それをキリスト教の前段階とする解釈がいかにしてなされるのでしょうか。
そうした試みへの最良の注釈を百年ほど前に、当時のもっとも賢明な神学者の一人パウル・ヴェルンレが記しています。キリスト教の絶対性について語ること自体がすでにその衰退現象なのであると。

それは、自分たちの宗教が初めの潑剌とした、力強い生命の段階からずり落ちると同時に現れてくるものだ。そうなると、絶対性の自負をめぐって、激しく、かたくなな争いが起こり得る。その傍らでは、あらゆる実際上の宗教活動が、絶対性どころか、真実に対する嘲りとなってしまう。いったい、われらの教会の一つでも、そのあるがままの姿で絶対の宗教であると真剣に期待すべきだろうか。その教会がある程度キリスト教的でありさえすれば、それで満足せねばならない。絶対性などは遥かかなたのことだ。

（高島訳）

94 宗教間の世界倫理は存在しますか

大きな宗教はどれも気高い道徳真理を伝えています。それにつけても、この世に平和がないことに対し、宗教は共同責任があるのです。なぜなら、多くの政治的紛争や社会的断層は、宗教上の憎しみに結びつくことによって、より熾烈に、より強硬になっていくからです。宗教が互いに理解を深め、平和な、公平な生活秩序への共同の行動計画に向けて合意しさえすれば、より良い世界のために大きく貢献できる筈です。

すこぶる評判のよい教会批評家ハンス・キュング（一九二八年〜、スイスの神学者）は、「諸宗教の世界倫理」を目指して何年来も意見表明をしています。大きな宗教が集まって、各々の宗教上の違いを後回しにし、より良き世界を共に実現するために倫理上の合意を作り出すべきであると。キュングのこのプランは善意から出たことかもしれません。果たして成功する見込みはあるのでしょうか。

確かに、すべての高度な宗教は互いに匹敵する倫理上の傾向、正義と平和への類似の努力、生命への畏敬といったものを有しています。とはいえ宗教ごとに、こうした努力には異なった根拠づけがなされています。それぞれ、その固有の根拠をその宗教の生命としているのです。世界倫理のために、各宗教からその倫理をもぎ取ろうとすれば、根拠までも取り上げることになります。すると独自の活力や個性を失ってしまいます。信じがたいことではありますが、もしもそれぞれの宗教の根拠からその倫理上の真理をもぎ取ることが実際に出来たとしても、それによって何を得ることができたかという問題がつきまといます。ささやかな共通分母、精彩のないヒューマニズム、ごく平凡な一連の真実のほかに何が残るでしょうか。結局は、大きな宗教はどれも無用になってしまうことでしょう。こうした疑問に光をあてると、「世界的倫理」の構想が幻想であるばかりか、強引な目論見でもあることが見えてくるのです。

†キリスト教の本質について

95 信仰について語るのが、なぜこれほどに気恥ずかしいのでしょうか

西欧社会における最後のタブーの一つは、個人の信仰について語ることです。自分の経済状況、自分の恋愛問題、自分の仕事上の失敗、自国の罪責や苦難の歴史など、その昔頑として沈黙していた多くの事柄が、今ではしごくオープンに話されています。唯一、自分の信仰について人前で話すことだけが、相変わらず顰蹙《ひんしゅく》ものなのです。これは、東欧や北米、南米、アフリカの人たちが自分の信仰に関する事柄を率直に話すのに比べれば、あまり自然なことだとは言えません。彼らとは反対に西欧人は上品ぶったはにかみを示します。彼らには、はっきりとした世界観上の見解と宗教上の言語能力が欠けているように思われるのです。宗教上のあからさまな告白がよび起こす気恥ずかしさは、西欧のキリスト教のやっかいな状況の、さらなるしるしでしょう。

とはいっても、キリスト教にはある種の思慮深さが常に付きものだったことを忘れるべきではありません。信仰とは、遠慮のない、あけすけな言葉で話すのがためらわれる内的体験なのです。自分の信仰について誇大宣伝する者は、それを不純にしてしまいます。信仰のためには、外に表さない感情が守られる必要があるのです。他方、信仰は、たとえ周囲の人々に時代遅れの、古くさい、無分別な、ただの「愚かなもの」（コリントの信徒への手紙１・23）とみられようとも、ある種の無恥、言い換えれば自己の信仰を主張する勇気に活かされるものでもあります。そのような信仰にお

ける無恥の古典的な手本は、次のように主張するパウロの言葉です。「わたしは福音を恥じとしない。福音は、ユダヤ人をはじめ、ギリシア人にも、信じる者すべてに救いをもたらす神の力だからです。」（ローマの信徒への手紙1・16）

追記　中近東に、イエジデンという小さな宗教共同体が暮らしています。彼らのルーツと教義はほとんど知られていません。なぜなら、数百年間におよぶイスラム教徒の民族多数派の苛酷な迫害に対し、イエジデンは彼らの信仰を公言せずに次世代に伝えていくことで対抗してきたからです。ひたすら厳密な秘密の宗教としてイエジデンは生き延びることができました。イエジデンは彼らの宗教を非常に良く護ったため、いつしか部外者はもちろん、彼ら自身も何を主張する宗教だったのかが分からなくなるという、不条理な状況が生じてしまったのです。

96 キリスト者はどこでそれと分かるのですか

キリスト者を際立たせるべきものは、神と隣人への愛です。愛はしばしば特定の行為や姿勢において明らかになります。しかし、なんといっても愛は心の問題であるから、目立ちません。それで、一人の人間のキリスト教精神は見かけや振舞い方から察知することはできないのです。けれど、心の奥底にあるものも、もしそれがその人の活力となっているならば、表に滲み出てくるのです。

昔の、長く忘れられていた、ある賛美歌がキリスト教信仰のこの可視的な不可視性について美しく詠いあげています。

クリスチャンの内的生活はかがやく、
たとえ外面を灼熱の陽に焼かれようと。
天の主から賜るもの、それを
知るは、かれらのみ。
だれも気づかぬもの、だれも触れぬもの、
それがかれらの悟り照らされた心を飾りたて、
神の真実へと誘う。

クリスチャンは地上を逍遥し天に生きる、
無力ながらに、世を守る、
混乱の中にも平和を味わい、
貧しくとも、心に楽しみを持ち、
苦しみに耐え、喜びに溢れている。
外面の感覚を絶ちつつ、

内なる信仰生活を導くかのように。（高島訳）

97 キリスト教の本質は、どのようにまとめられますか

キリスト教の信仰の本質を数行でまとめることができる神学者はあまり多くありません。その数少ない一人が、一九世紀から二〇世紀への変わり目に生きた著名なプロテスタントの神学者アドルフ・フォン・ハルナックです。一九二六年に、姪のエミ・デルブリュックが彼に相談してきます。彼女は後年、ナチ政権に同じく抵抗して終戦直前に刑死したディートリッヒ・ボンヘッファーの兄クラウス・ボンヘッファーと結婚することになります。一九二六年、エミは二一歳のうら若き女性で、人生の危機にありました。彼女は肺結核に冒されて、スイスのサナトリウムに送られ、そこで二年間を過ごさなければなりませんでした。数々の実存上、あるいは宗教上の問題が彼女を攻めたてました。それで、自分の疑問や質問をベルリンに暮らす伯父に宛てて二通の手紙にしたためたのです。その回答の中でハルナックは自分にとってのキリスト教の本質とは何かを示しています。次の文は、それを短縮し整理したものです。

愛するエミ！

ぼくはアウグスティヌスの「我々は神へ向かって造られた」という言葉が好きです。ところ

で、ぼくたちは能力も体験することも理解力までも持っています。「神へ向かって造られた」ということは、神から生来の知識を授かっているとか、神秘的なやり方で神と同じような本性なのだということではありません。それは人間の「神に向かう」資質のことであって、神と結びつくときにのみ、人間は安らぎを見いだすことができるということなのです。花が知らぬままに、太陽に向かって造られているように。

けれどアウグスティヌスのこの洞察は、すでに預言者の洞察だと言ってもいいでしょう。つまり、ある人が見つけ、他の人がそれを信じるといったたぐいのものです。けれど、その預言者が証明したからそれを信じるのではない、その福音を聴いた民の資質がそれに呼応して、それを適切だと感じたから信じる、といったようなものでしょう。

こうして、神の福音は人類史を通してますます深められ精錬されてきたのです。すなわち、（あ）神は世界に対して「まったくの他者」であり、しかも世界を支えている、（い）神は聖なるものである、（う）神は正義である、（え）神は善である、（お）神は愛である、などといったように。この中で最後の認識は、イエス・キリストによってはじめて毅然、かつ非の打ちどころなく示されたものです。神の深く大きな愛は、人間たちの弱さ、罪、惨めさにもよらず、資質の内に共鳴を感じるでしょう。それればかりではありません。人間は、この資質によってこそ愛において安らぎを見いだせるのです。そして、それは至福の信仰へと統合されるのです。「神は私たちの真の父であり、私たちは神の真の子どもである」と。理性はこういったこと全てについて何も言えず、このメッセージに反論する論理などないと言うほかありません。もっとも、時空世界の経験がそれに対して拒否権を行使するでしょうけれど。なぜなら神の愛をほとんど、あるいはなにも感じないからです。けれど内的経験が「それでも」と対抗して、なにものも引き離すことのできない神の愛を、死や生よりも、見えるものや見えないものよりも強く、もっとも強いものとして讃えるでしょう。

哲学者たちは神概念についてあれこれ考えるのが好きです。しかし彼らは絶えず生ける神の傍らを通りこして考えているのではないかと、ぼくには非常に疑わしく思えるのです。君もぼくも、神と世界や、必然と自由、絶対的な威厳ある存在と貧窮、神の愛とこの世の無慈悲などについて、くよくよと思い悩まないようにしましょう。そのような思案はさらなる無知、恐れ、反抗のほかには何ももたらさないからです。人は、たとえその能力が少なかろうとも、むしろ善と愛において神の協力者であるべきです。神は人間の心より大きく、その愛は憤ることがありません。

愛するエミ、これがぼくに書けることすべてです。それでは、心からの挨拶を送ります。

君の忠実な伯父アドルフ・フォン・ハルナックより

（高島訳）

98 キリスト教に関する重要な質問に対して、なぜはっきりした答えがないのですか

キリスト教について質問する人は、千差万別な答えを得るかもしれません。なぜならキリスト教はただ一つではなく、無数に存在するからです。キリスト教は独自の世界であり、それは、もっとも異なった気候帯や地域形成で構成され、大小いくつもの大陸に区分されるのです。隣と近接したものもあり、深い窪みや大きな海に隔てられたものもあります。互いにゆっくり近づくものあり、また離れて漂流していくものありです。

「キリスト教の本質」と呼ばれるべきものを、客観的、普遍的に書き記すことは不可能です。我々は自身の観点から、要するに、自分自身の宗教上の立場や信条の特性や主観的な体験などに照らし合わせながら記述するしかないのです。キリスト教に関するあらゆる発言の、この避けがたい主観性は、しかし欠点ではありません。むしろキリスト教の信仰そのものにふさわしいのです。信仰とは抽象的な宇宙成立の公式ではなく、内面の生活だからです。この内面生活に関しては、「それ自体」を「全般にあてはまる」ように語ることはできず、むしろこの世に暮らす自己体験を通して、その証をしていくしかないのです。

99 キリスト教を理解するためには、どんな本を読めばよいでしょうか

一般教養として、キリスト教や、その本質、その歴史に関する基礎知識は欠かせません。この小さな本を通してさらに興味をそそられた読者には、特に次の書物を推薦したいと思います。そのうちの何冊かは比較的新しく刊行されたものですが、かなり古いものもあります。だからといって、価値がなくなったわけでは決してありません。周知のごとく、最新のものが必ずしも最善であるとは限らないからです。

ルドルフ・オットーの、百年ほど前の古典的な書物『聖なるもの』（創元社、二〇〇五年）は、宗教一般論や特にキリスト教の本質に関して、今なお刺激的な興味をそそります。キリスト教信仰の内的生活を深めたい人には、フリードリッヒ・ハイラーの不朽の名作、『礼拝の精神』（新生堂、一九三二年）がとりわけ薦められます。

カール・ホイシスは『教会史要約』（一九〇七年）で、キリスト教史のほぼ全容を簡明にまとめています。

ゴットフリード・シュラムは最新の著作『世界史の五つの岐路』（二〇〇四年）にて、要点を押さえた世界史上の知識を提供しています。

古代イスラエルの歴史に関しては、ヘルベルト・ドナーズが『イスラエル民族とその隣人たちの

歴史の概要』（二〇〇一年）において堅実な情報を提供してくれます。

『原始キリスト教の心理学』（新教出版社、二〇〇八年）は、新約聖書学者ゲルト・タイセンによる示唆に富んだ本です。古代教会の歴史に興味のある人には、古い著作があります。ハンス・フォン・カンペンハウゼンの『ラテン教父たち』（邦訳未刊）と『古代キリスト教思想家第一　ギリシャ教父』（新教出版社、一九六三年）です。古代キリスト教の歴史が素晴らしい肖像画を付けて復刊されたものです。近頃、古代や中世、近世のもっとも重要な神学者たちのポートレート付きの、最新の研究成果が考慮された二巻の本が出ました。フリードリヒ・ヴィルヘルム編集による『神学の古典大家たち』（二〇〇五年）です。

ところで、もっとも著名な教父の書は自分で直に読むべきでしょう。アウグスティヌスの『告白』（岩波文庫、一九四〇年）は世界文学の最高潮に属するものです。クルト・フラッシュはポケット判の本『アウグスティヌス』（二〇〇三年）において、そのもっとも印象に残る自伝的発言をまとめあげました。プロテスタント教会の最重要人物はマルティン・ルターです。彼に関しては新しく書かれた数々の伝記があります。だが、もっとも素晴らしいのは約七〇年前の、ハインリヒ・ベーマー著『若きルター』（邦訳未刊）です。二番目に重要なプロテスタントの神学者、フリードリヒ・シュライエルマッハーに関しては、初期の著作『宗教論』（筑摩叢書、一九九一年）が薦められます。「宗教を軽蔑する人たちの中の教養人への談話」という副題が付いています。ロマン主義の精神によるキリスト教の急速な近代化をテーマとしており、非神学者にも絶大な読書体験を提供します。

数年前にシュライエルマッハーについて素晴らしい伝記を書いたクルト・ノヴァクはまた、フランス革命からドイツの再統一までの全時期を網羅する、非常に明確かつ的確な『ドイツのキリスト教史』（一九九五年）を著しています。

二〇世紀のプロテスタント神学の波乱に満ちた歴史をハインツ・ツァールントが『神の問題』において述べています。近代カトリックの瞑想的な思索について印象を得たければ、ヨゼフ・ピーパーの短く、洗練された小冊子が適しています。例えば、『愛について』（エンデルレ書店、一九七四年）などです。それに対し、近代のプロテスタンティズムの死活にかかわる矛盾は、パウル・ティリッヒの神学的自省の書、『ティリッヒ著作集10所収自伝的回想・境界に立って』（白水社、一九七八年）にて明らかにされています。

キリスト教の現状について

100 なぜ神は人間を決して放っておかず、また人間も神を無視しないのですか

もしキリスト教が病人だと仮定するなら、どんな処方箋を出したらいいのでしょう。これまでも多くの人が治る見込みなしと診断を下し、これ以上の治療は無意味だとしました。多くの人がくだんの件は不治の病である、と表現しました。宗教を蔑む多くの人たちや教会批判者たち、特に一九六八年に吹き荒れた、若者たちによる反権威主義的な文化改革運動の際には、無遠慮にも直接その死にまで話をもっていったのです。

それでもキリスト教は今日も存在しています。大勢の人がそれに対して背を向けはしたものの、世俗化した西欧においてさえなおも重要な文化要素の一つでありつづけます。アフリカやアジアのような他の世界地域では信じがたいほどの躍進さえ見られます。それにもかかわらず、キリスト教に関する話にはどれも危機をはらむ災いといった響きがどうしようもなくつきまとうのです。キリスト教はもう昔のようではありません。当たりまえのことではなくなってしまったのです。多くの人たちにとって縁遠いものになってしまったのです。

それについての診断ははっきりしないままです。宗教的状況の判断に昔の一義的な解釈は通用しなくなりました。異議を唱えられることなく、大勢の人を獲得する力のあるキリスト教などもう存在しないのです。が、同時に、自信満々な宗教批判の中をも生き延びてきました。今やキリスト教

史の終焉を公言しようとする人はいません。しかるべき意欲を感じる人はもういないようです。それは、キリスト教がもうそれほど優勢ではなく、立ち向かうべき必要性を感じなくなったことと関係があるのかもしれません。が、もう一つの理由に、宗教的な言葉で表現して答えるしかない実存上の問いが、相変わらずなされるということがあります。宗教というテーマはそれほど簡単に片のつくものではないと戸惑いつつ確認するのです。こんな驚きをハンス・マグヌス・エンツェンスベルガー（一九二九年〜）が記しています。この詩人の現代詩の多くに、宗教的な問いかけやキリスト教的なモチーフがふいに、全く予測なしに現れます。そんな詩の一つが次の「日程」（一九九九年）です。

税理士に電話し、仕事をする。
或る女の写真の前で思いに沈む、
女は自殺した。
字引をめくる、「敵の姿」という言葉が
初めて出現したのはいつのことか。
雷の後の泡立ちを見つめる、
雲の裂け目が石畳になげ落とすそれを。
それから、湿った空気を飲む。

たばこを吸い、音の消えたテレビに見入る。
退屈な会議の最中に自問する、
性的うずきがどこからくるのかと。
七分間アルジェリアのことを考える。
十二歳児のように我を忘れて
折れた爪に毒づく。
ある晩のことを思い出す、
二十一年前の六月
黒人のピアニストがチャチャチャを奏で、
誰かが怒って涙を流していた。
練り歯磨きを買うのを忘れないこと。
謎解きをする、なぜ $e^{\pi i}=-1$ なのか。
神はなぜ人間をけっして
放っておいてくれないのか、反対に
人間も神を放っておかないのか。
台所の電球を取りかえること。
死んで、濡れて、羽がよれよれの

カラスをバルコニーからつまみ出すこと。
雲を眺める、あの雲を。
そして眠る、今日もまた。

（高島訳）

この詩人の日程には、ありとあらゆる事象が連なり並びます。重要なこと、重要ではないこと、高潔なこと、下劣なこと、ささいなこと、ひどいこと。その真ん中にこんな難題を織りまぜています。「神はなぜ人間を放っておいてくれないのか」と。この句をプロテスタントの神学者パウル・ティリッヒの、「神とは、一人の人間に必ず関わってくるものである」という有名な語句の遠いこだまと読みとることができます。人間を決して放置してはおかないということです。この放置にも、「神はなぜ人間を放っておかないのか――また人間も神を無視しないのか」という二面性がありますす。神と人間の両者が互いに離れられないようです。だからといって改心にまで至るわけでもないのです。この宗教上の難題はふと現れはするが、すぐまた背後に隠れてしまいます。急に神への想いが魅惑するかのように浮かぶけれど、ある種の当惑のほかに何も残さないのです。

とはいえ、それは少なくとも注目には値します。キリスト教が当惑の原因として再び認知されたということでもあるからです。キリスト教がほとんどエキゾチックに見えるほどに馴染みがなくなったため、かえってまた多くの人の興味をそそっているのです。もう一度そこに戻りたいというわけではないにしても、自己の宗教上の当惑をもっとよく理解するために、多少の知識を再び欲しているようです。それで数限りない質問があらためてなされているのです。

101 なぜ今日もなお、これほど大規模な教会が存在するのですか

現代の西欧の教会は、いつ終わるとも知れない不景気にあると言われています。教会はますます存在意義を失っていくだろうとも言われています。このような意見に異議を挟むことなどとうていできません。またその状況描写が誤りだというのでもありません。ただいつの時代と比較しての意見なのかがはっきりしないのです。教会に存在意義があったのはいったいいつのことなのでしょうか。最盛期はいつで、以後は衰退を重ね続けたのでしょうか。

近年の教会の衰退を指摘する人たちは、第二次世界大戦直後を基準にしていることが多いようです。人々は大挙して再び教会に通い始めていたのです。ヒトラー治下の「第三帝国」が消滅し、空虚な世界観に襲われたドイツ人が大勢いた頃のことです。当時、教会はただナチの戦渦をくぐり抜けただけで、なんのやましいところがないと一般には思われていました（ナチと教会との関係についての批判的な分析はしばらく後になってから始まったことである）。そのような教会が、新たな精神的故郷を求めていた人々のよりどころとなったのでした。教会は人であふれ、青少年活動は盛んに行われ、神学者の説教を聴衆は歓迎しました。ところが教会が活気に満ちていた時代は、あっというまに過ぎ去ってしまいます。教会にやって来る人よりも、去って行く人の数が上回るようになった

のです。けれどドイツの教会の長い歴史の中で、この、敗戦直後の活況は、特筆すべきものとして人々の記憶に残っています。だからこそ、現在の教会をその頃と比較してしまうのです。

この現状を的確に分析するために問いを逆にしてみるのも一助となるでしょう。つまり教会はどうして後退するばかりなのかと問うのではなくて、どうしてドイツには今でも大きな国民教会があるのかと問うのです。それは思っているよりずっと不思議なことです。

およそ三〇〇年ほど前に、聖書や、教理、教会、宗教などについての批判をともなう大々的な、根底を覆すような啓蒙主義運動が始まりました。新しく興った人文科学や自然科学が、人間と世界についてのイメージを革命的に変化させました。また急激な社会の変遷、技術上の発明、経済の革新などがまったく新しい生活環境を作り出しました。さらに、政治の転覆や災禍、世界革命や世界大戦などのことも考慮に入れれば、キリスト教諸教会が成立した前近代世界の物事が、いかに僅かしか残らなかったかが理解されるのです。

それでも、教会だけはまだ残っています。もちろん昔のままではありませんが。教会もまた近代化され合理化され世俗化されてきたのです。それなのにまだ存在しています……教会として。教会は相変わらず同じ原典を基盤とし、同じ祝祭を祝い、同じ歌を歌い、同じ建物に住まい、同じ肩書と役職を設けています。驚くべきほどの継続性がここに見られるのです。それに国民の大部分が引きつづき所属しています。五〇〇〇万人近いドイツ人がキリスト教会の構成員なのです。たとえそのほとんどが自分の信仰に確信がなく、教会の活動から離れているにしても。

ここに伝統と組織の威力が表れ出ているのです。いったん定着した教会主義を完全に除去するには、狙いを定め、二、三世代にわたって貫かれた「伝統の中断」というものが必要になります。このことは東側のドイツ諸州を見れば明らかです。まず国家社会主義者（ナチ）の、そして次に共産主義者の攻撃的な反教会政治が広範囲にわたって教会のない社会を遺しました。西側諸州は様子を異にしています。深刻な世俗化にもかかわらず、民間の教会尊守はなお存在します。何故でしょうか。それは習慣の力によるものなのでしょうか。おそらくそうでしょう。けれどそれだけではないのです。キリスト教にとって代わる世界観が少ないということももう一つの理由かもしれません。一九世紀の偉大な敵対者たちは退却しました。すなわち芸術は芸術に徹し、まがいの宗教として浮上する野心はすでにありません。哲学は学部の所属者にしか関係のない厳格な専門学科と理解されています。共産主義あるいはファシズム的イデオロギーといった二〇世紀の敵対勢力は、今やその世界観上の能力を発揮する機会がありません。残ったのは、資本主義の経済秩序と民主主義的な政策だけです。この二つがどうやら最終的に勝利をおさめたようです。ただし、広く受け入れられ尊重されてはいるものの、「好かれて」いるわけでも「信頼されて」いるわけでもないのです。というのも、この二つは人々の感覚的な欲求を満たさないからです。

あとには虚無感だけが残ります。現今、キリスト教に代わる選択肢としては、影響力はあるものの、無関心から疲弊してしまった不可知論ぐらいです。そのため、自分の感覚的な欲求をおろそかにしない人たちにとって、代々伝わり、公的に維持されてきたキリスト教や教会は少なくとも興味をそそるものではあるようです。この興味を追求するには、広く失われてしまった基礎知識を多少なりとも必要とします。例えば聖書という言葉は何を意味するか、といったような簡単な疑問に対する答えが必要となってくるのです。

訳注（括弧内の番号は質問番号）

1　（**1、ラビ・ユダヤ教**）ラビ・ユダヤ教は、紀元七〇年のエルサレム崩壊と一三五年の第二ユダヤ戦争の敗北を受けて、パリサイ派を継承するユダヤ教の師であるラビたちによって形成された。崩壊したエルサレム神殿に代わって、ラビによる律法についての学習がユダヤ人の宗教共同体の中心になって、今日に至っている。旧約聖書とタルムード（訳注4）などのラビ文献を聖典としている。

2　（**1、アラム語**）アラム語は中近東に居住していたセム人の一部族アラム人の言語。

3　（**3、逐語霊感説**）聖書の一字一句がすべて神の霊感を受けて書かれたものであるから、誤りがないのだとする説。

4　（**4、タルムード**）ヘブライ語で教えの意。旧約聖書のモーセ五書（トーラー）に対する口頭で伝えられてきた解釈が、紀元五〇〇年頃に最終的に法典に編纂されたものをタルムードと言っている。口伝律法とも言われる。

5　（**13、教父**）「教会の父」の意。古代から中世初期における代表的な神学者を指す。キリスト教を弁明するため著述活動をしたので護教家とも呼ばれる。ラテン語で著作した教父をラテン教父、ギリシア語の場合はギリシア教父という。

6　（**21、三位一体**）キリスト教の唯一神には父と子と聖霊という異なった三つの位格（ペルソナ）があるが、本質において同一であるとする教理。四世紀にコンスタンティノポリス公会議で確立した。

7　（**21、新プラトン主義**）紀元三世紀頃にプロティノスよって提唱された。プラトンのイデアの概念をさらに発展させ、超越的絶対者としての「一者」から万物が流出したと説く。西欧の神秘主義思想に大きな影響を与えた。

8 （22、**神義論**）この世に悪が存在するにもかかわらず、神が全能であり、義であることを弁証しようとする論議。

9 （24、**アシジのフランシスコ**）清貧と愛に生きた中世イタリアの修道士。フランシスコ修道会の創立者。

10 （36、**使徒伝承**）教会の権威は使徒たちから現代まで継承され、保持されていると解する。すなわちカトリック教会においては、教皇は教会を創設した使徒の頭《かしら》ペトロの後継者と見なされ、これによって教皇の権威が強化されてきた。

11 （37、**グノーシス派**）グノーシスはギリシア語で知識の意。霊肉二元論的世界観。物質世界であるこの世は悪の世界で、それを創造した神は偽の神であり、霊的世界の至高神こそが真の神であるという。古代地中海世界に普及していた思想で、異端として斥けられた。

12 （39、**証聖者**）聖人には殉教者と、徳の高い生き方によって信仰の証しをした証聖者の二種類がある。

13 （42、**万人祭司**）聖書で直接神の言葉に接すれば、神と人を仲介する特権的な祭司は不要となる。神の前ではキリスト者はすべて祭司であるとルターが主張した。これを「万人祭司」主義と言う。

14 （42、**生け贄の祭儀**）ユダヤ教に原点のある生け贄の祭儀は、カトリックのミサの中心となっている。カトリックでは、イエス自身が十字架によって生け贄の子羊となったとされ、聖体の秘跡によって聖変化される葡萄酒と聖体（ホスチア）のうちにキリストが現存すると信じられる。プロテスタントはこの聖体祭儀をイエスの最後の晩餐の形にもどして、キリストの現臨を象徴化した。

15 （43、**信条**）キリスト教教会が異端に対し正統派としての信仰の立場をはっきりさせるため、教義の要点を成文化したもの。信徒は信条に従って自己の信仰を宣言する。信仰告白とも言う。信条には、使徒信条、ニカイア信条、アウグスブルグ信仰告白など各種ある。

16 （43、**ヒトラー・スターリン協定**）一九三九年にヒトラーとスターリンの間で締結された独ソ不可侵条約。

17 （**45、オリゲネス**）三世紀前半にアレキサンドリアで活躍した初期キリスト教の代表的な神学者であり、ギリシア教父であった。ローマ皇帝の迫害の下で殉教による死を遂げたとされる。「諸原理について」、その他聖書解釈に関する多くの著作を残している。

18 （**45、アウグスティヌス**）三世紀後半から四世紀にかけて活躍した神学者、古代キリスト教を代表するもっとも重要な教父。北アフリカで生まれマニ教を信仰するが、後にキリスト教に回心した。著書「告白」「神の国」などによってカトリック教会の確立に貢献した。

19 （**45、トマス・アクィナス**）一三世紀のイタリアの神学者、ドミニコ会の修道士。「神学大全」を著してスコラ哲学を大成し、カトリック神学に大きな影響を与えた。教会博士と呼ばれ、死後聖人にあげられた。

20 （**46、アメリカの原理主義者**）アメリカの原理主義者とは、一般に保守的な福音主義のキリスト教に属する人たちで、特にアメリカ南部に多い。彼らの大きな特徴は、聖書をそのまま字句通り神の言葉として受け入れ、信じていることである。

21 （**46、義認による救済**）人は律法を行うことによって義とされることはなく、キリストへの信仰によって義とされるというパウロの言葉。パウロ神学の中核となっている（ガラテヤの信徒への手紙2・16、3・11ほか）。

22 （**47、セクト**）元来、正統派から分離した教派の意。既成の教会を批判し、自己の主義主張に沿った生き方を求めて分派した教団。教祖によって新しく創始されるカルトとは区別される。

23 （**47、国民教会**）国民の大多数が所属する大きな教会を指す。ドイツにはルター派プロテスタント教会とカトリック教会の二つの国民教会がある。なおドイツのプロテスタント教会は、直訳すれば「福音主義教会」なのであるが、これは福音書に立つという点で福音主義と名乗るものの、カトリックではなくプロテスタントであるというぐらいの意味なので、本書では一様にルター派プロテスタント教会とした。

24 （**49、敬虔主義者**）一七世紀末から一八世紀にかけてルター派教会内におこった動きで、教会の教理教義よりも、個人の敬虔な心情や実践的な信仰生活を重んじた。

25 （49、**居住地追放**）東プロシア、シレジア地方、ポンメルン地方、ズデーテンなどに居住していたドイツ人は、終戦と同時にその地を追放された。

26 （51、**ビザンティウム**）東ローマ帝国の首都。西暦三三〇年にコンスタンティヌス大帝により首都ローマから遷都された。後に新都ビザンティウムはコンスタンティノープルと改名された。現在のイスタンブール。

27 （51、**ピピンとランゴバルド王国**）ピピン三世は六世紀に北イタリアのロンバルディア地方で栄えたゲルマン人の一部族であるランゴバルド族の王国を滅ぼし、その中心都市であったラヴェンナ周辺の土地をローマ教皇へ寄進した。ラヴェンナは四〇二年からその滅亡まで西ローマ帝国の首都であった。

28 （51、**対抗宗教改革**）一六〜一七世紀に、宗教改革とプロテスタントに対抗して起こったカトリック教会内部の改革運動。反宗教改革とも言う。例えばその一端として、カトリック教会の勢力回復のため宣教に努めることを目的としたイエズス会が設立された。

29 （57、**クエーカー派**）形式的な儀式を否定する一派。平和主義、質祖主義で知られる。

30 （57、**ユニテリアン派**）三位一体とキリストの神性を否定する一派。

31 （58、**サペレアウデ**）Sapere aude。古代ローマ時代の詩人ホラティウス（紀元前一世紀）の言葉。「あえて賢くあれ」の意。

32 （58、**ハスカラー**）一八世紀から一九世紀にかけて西欧におこったユダヤ啓蒙主義運動。ユダヤ人がキリスト教のヨーロッパ社会の中に積極的に同化していくことを目指し、それによってユダヤ人差別を解消していこうとした。

33 （58、**モーゼス・メンデルスゾーン**）一八世紀にドイツで活躍したユダヤ人哲学者。ユダヤ人の社会的解放に貢献し、ユダヤ啓蒙主義運動の先駆者と言われる。レッシングと親交があった。作曲家フェリクス・メンデルスゾーンの祖父。

34 （**59、領邦教会**）一五五五年のアウグスブルグ宗教和議で、領邦君主が信仰している教派をそれぞれの領邦の国教とすることが決まり、領邦教会が成立した。領邦教会は一九一八年のドイツ革命以後、実質的な意味を失った。今日では州教会と訳すのが適切である。

35 （**59、ワイマール共和国**）第一次大戦後のドイツ革命によって一九一九年に成立し、一九三四年ヒンデンブルク大統領の死とヒトラーの総統就任によって消滅したドイツ共和国。

36 （**59、第三帝国**）一九三三〜四五年の、ヒトラー政権下のドイツを指す。神聖ローマ帝国時代を第一帝国、プロイセン王国がドイツ諸邦を統一した帝国時代を第二帝国、ナチス統治下のドイツ国家を第三帝国としている。

37 （**61、ペンテコステ派**）聖霊を受けて、異言を語るという信仰をもつ教団、あるいは教派の総称。またそうした宣教運動をペンテコステ（聖霊）運動と言う。

38 （**61、解放の神学**）ラテンアメリカの「解放の神学」は、一九六〇年代以降にカトリックの司祭らによって試みられた神学運動で、社会的に抑圧され、貧困の中にある民衆を「解放」するため社会構造の改革を試みた。また民衆のための教会を目指して「キリスト教基礎共同体」を結成し、民衆とともに相互扶助的活動を行った。しかし教会が政治に巻き込まれていくのを嫌ったヴァチカンから危険思想とみなされ、衰退していった。

39 （**70、太陽は面を隠しました**）「さて、昼の十二時に、全地は暗くなり、それが三時まで続いた」（マタイによる福音書27・45）。

40 （**71、主の祈り**）「天におられるわたしたちの父よ、御名が崇められますように。御国が来ますように。御心が行われますように、天におけるように地の上にも。わたしたちに必要な糧を今日与えてください。わたしたちの負い目を赦してください、わたしたちも自分に負い目のある人を赦しましたように。わたしたちを誘惑に遭わせず、悪い者から救ってください」（マタイによる福音書6・9〜13）。

41 (84、**聖金口イオアン聖体礼儀**) 聖金口イオアン聖体礼儀は、聖金口イオアン(もしくは聖ヨハネス・クリソストムス)によって編纂された正教会における聖体礼儀(ミサ)の種類の一つ。四世紀の古代ギリシアの教父、聖ヨハネス・クリソストムスは説教が巧みだったことで知られる。そのため、死後に付けられたクリソストムスという名には「金の口」という意味があるという。

42 (90、**過越し祭**) ユダヤ人がモーセの指導でエジプトから脱出した際に、「エジプトのすべての初子が死ぬ」とされた厄災を、戸口に子羊の血で印をつけることで、過越したことを記念するユダヤ教の祭り(出エジプト記11〜12)。

43 (90、**過越し祭はキリストの受難に関わりがあるためキリスト教化した**) イエスは過越し祭の時期にエルサレムに上り、逮捕されて十字架刑を受けることとなった(ルカによる福音書22・1〜23)。また、イエスは過越しの犠牲の子羊であったとキリスト教では解釈された(コリントの信徒への手紙一5・7)。

あとがき

本書はキリスト教に関する前提知識があるなしにかかわらず、一般教養としてキリスト教に関する情報を得たいと思われる方、世界におけるキリスト教の現況を把握したいと思われる方などに向けられて書かれています。本書が扱うテーマは、聖書はもちろんのこと、キリスト教の歴史、教義、世界の宗教事情や展望、またキリスト教批判などといった非常に幅広い範囲にわたっていますが、それを、読者に興味のありそうな101の質問にまとめてコンパクトに回答するという形式が取られているので、キリスト教にあまり縁がない方にも馴染《なじ》みやすいと思われます。それと同時に、キリスト教をテーマとしたエッセイとしてもたいへん興味深く読めるのではないでしょうか。

本書の著者ヨハン・ヒンリヒ・クラウセン氏は、ハンブルグ大学神学部の私講師であると同時に、ハンブルグ旧市内地区の監督教区長です。著作の傍ら、フランクフルター・アルゲマイネ新聞に定期的に記事を書いています。著者は本書を書くにあたって初めに、自身の宗教的な立場をなおざりにしないと述べています。であれば、啓蒙されたリベラルなプロテスタントの神学者である筆者の批判眼が、昔ながらの制度にこだわりのあるカトリック教会にも向かうのは避けられないことのようです。そして、巻末で、人間は自分自身の宗教上の立場に照らして書く主観性から逃れられないと述懐するのです。確かに、カトリック側にはなかなか改革に至らない諸問題があるのは周知の事実です。たとえば、聖職者の独身制度による弊害が世界のあちこちでたびたび新聞を騒がせています。また、ジェンダーフリーが叫ばれている今日、女性に司祭への門戸を閉ざしたままにしておけないのも自明の理なのです。ルター以来、ドイツには教会改革に伝統があります。これらの諸問題に対抗して教皇庁から破門された司祭や、神学教授の座を追われた学者もいます。筆者の批判的な視線もまたやむをえないのです。しかし歩みは遅々としていますが、カトリック教会もまた改革されてきています。いずれ第三ヴァチカン公会議の開かれる日が来るのかもしれません。

筆者も本文で指摘しているように、南北アメリカやその他の地域のキリスト教国とは違って、ヨーロッパでは教会から離れる人が非常に多いように見受けられます。観光地の有名な教会を除き、一般の教会には閑古鳥が鳴いています。特にプロテスタントの教会ではその傾向が顕著です。理由はそれぞれにあるようです。現代人は忙しいという理由がまずあります。また教派によっては教理や規定が古めかしく時代遅れに感じられることもあると思います。組織に疑問を感じる人もいるようです。では、教会離れした人たちはほんとうにキリスト教の信仰も捨てたのでしょうか。実際に話を聞いてみると、必ずしもそうとは限らないようです。教会へは行かないけれど、聖書を心の拠りどころとし、その福音を信じている人が多くいることに驚かされます。依然としてキリスト教が彼らの精神的支えであり、モラルの規範であることに変わりはないようなのです。ヨーロッパのリベラルなプロテスタンティズムがそれを促している面もあるのかもしれません。未来におけるキリスト教の一つの姿を示唆しているようにさえ思わされます。

最近、ＥＵはますます結束を固めましたが、二七にのぼる加盟国はいずれもキリスト教国ばかりです。キリスト教の価値観を今後も共通項にしていくという意志の現れでしょうか。とすれば、その政治は言うに及ばす、あらゆる分野におけるキリスト教の直接あるいは間接的な影響は否みようがありません。彼らの発想の根底にあるものを理解することが、今後とも必要とされそうです。本書がはからずもその一助になるのではないでしょうか。

翻訳にあたって、できるだけ分かりやすく読めるようにと、言葉を補足したり、一地域の特殊事情を削除したりした部分もあります。ご理解いただければ幸いです。なお、聖書の引用にあたっては、新共同訳聖書を用いました。

本書の翻訳を薦めてくださった創元社の矢部敬一氏、また用語などを丁寧にチェックして下さった編集者の山崎正浩氏、そして、私の質問に快くお答え下さり、励ましの言葉を下さった著者、ヨハン・ヒンリヒ・クラウセン氏に心から感謝いたします。

二〇一〇年九月

高島市子

挿絵について

各章の題名の脇にある挿絵は、パドゥヴァのスクロヴェーニ礼拝堂（アレーナ聖堂）にあるジョット・ディ・ボンドーネ（一二六七～一三三七年頃）のフレスコ画の部分で、一三〇二年から一三〇五年に完成されたものの複写である。フレスコは救済物語が描写されている。その中心はイエスの生涯を構成している。

一　章　マリアと子ども
二　章　エジプト逃避に同伴する守護の天使
三　章　洗礼
四　章　カナの婚礼
五　章　ラザロの蘇生

著者　ヨハン・ヒンリヒ・クラウセン（Johann Hinrich Claussen）

1964年生まれ。博士号所持。ハンブルグ大学プロテスタント神学部組織神学科私講師。アルト・ハンブルク教区の監督教区長
著書に『映像、聖書のテキストと現代叙情詩』『幸運と逆運』『モリッツと神様』などがある。

訳者　高島市子（たかしま　いちこ）

東京教育大学文学部仏文科卒業。ベルリン自由大学ドイツ文学専攻。現在ベルリン・フンボルト大学日本学科講師
共翻訳書に『私はヒトラーの秘書だった』『黙って行かせて』などがある。

キリスト教《きょう》のとても大切《たいせつ》な101の質問《しつもん》

2010年9月20日　第1版第1刷発行

著　者　J・H・クラウセン
訳　者　高島市子
発行者　矢部敬一
発行所　株式会社 創元社
〈本　　社〉〒541-0047　大阪市中央区淡路町4-3-6
Tel.06-6231-9010(代)　Fax.06-6233-3111
〈東京支店〉〒162-0825　東京都新宿区神楽坂4-3 煉瓦塔ビル
Tel.03-3269-1051(代)
〈ホームページ〉http://www.sogensha.co.jp/
印刷・製本　株式会社 太洋社

 ISBN978-4-422-14379-8 C0016